Christa Spilling-Nöker

50 Zutaten zum Glück

Christa Spilling-Nöker

50 Zutaten zum Glück

Von A wie Apfel bis Z wie Zimt

HERDER

FREIBURG · BASEL · WIEN

Inhalt

Einleitung

Zur Appetitanregung

„Wer nicht genießt, wird ungenießbar" lautet eine Redensart. Drehen wir sie doch einfach um: Wer genießen kann, der ist gut gelaunt, der hat Freude und Spaß am Leben. Und zu genießen gibt es viel. Essen und Trinken stehen dabei ganz vorn, denn wen könnte zum Beispiel ein Theaterbesuch mit knurrendem Magen beglücken?

Und was gibt es nicht alles für leckere Zutaten und feine, den Gaumen kitzelnde Speisen. Denken wir uns einmal hin auf einen Markt oder in eine gute Lebensmittelhandlung: was wird uns dort alles an kulinarischen Köstlichkeiten in Hülle und Fülle angeboten?!

Oder betrachten wir die Speisekarte eines guten Restaurants, bei der uns schon allein beim Lesen das Wasser im Munde zusammenläuft?

Essen und Trinken dient ja nicht nur der Sättigung des Leibes, sondern hat zugleich mit Sinnenlust und Lebensfreude zu tun. Das, was unserem Geschmackssinn guttut, was uns gleichsam auf der Zunge zergeht, beschenkt uns mit einem tiefen Gefühl von Glück, von erfülltem Sein und von Dankbarkeit – und lässt uns so das Herz aufgehen, um den Glanz des Lebens auch in tieferen Dimensionen wahrzunehmen.

Dass so manches Lebensmittel im Laufe der Jahrhunderte symbolische Bedeutung gewonnen oder zu umfangreicher Legendenbildung geführt hat, macht die Sache nur noch spannender.

Mögen wir uns also mit Vergnügen auf die kleinen Texte und Anekdoten zu den kulinarischen Wonnen einlassen und uns dabei Appetit holen. Damit wir neu genießen, womit wir bewirtet werden oder was wir daheim brutzeln, um uns selbst und liebe Menschen mit unserer Kochkunst zu verwöhnen.

Und denken wir dabei an Goethe, der gesagt hat: „Wenn ihr gegessen und getrunken habt, seid ihr wie neu geboren; seid stärker, mutiger, geschickter zu euerm Geschäft.“

50 Zutaten zum Glück

1 **Äpfel** – Früchte des Paradieses

An apple a day keeps the doctor away

„Du musst jeden Tag einen Apfel essen, dann bleibst du gesund“, sagte schon meine Großmutter. Und sie wusste, wovon sie sprach. Sie war nie ernsthaft krank gewesen und benötigte eine Ärztin erst einige Wochen vor ihrem Tod. Der tägliche Biss in einen knackigen Apfel hat demzufolge eine politische Dimension. Aufgrund der steigenden Gesundheit der Bevölkerung jammern die Ärzte und demonstrieren. Im Bundestag folgen neue Debatten über die Gesundheitsreform und die Krankenkassenbeiträge. Obstbauern müssen ihre Äpfel teurer verkaufen, damit sich nicht jeder diese Gesundheitsknaller kaufen kann, weil sonst das ganze System zusammenbrechen würde. Wohl dem also, der einen Apfelbaum im eigenen Garten hat und die herrlichen Früchte nicht auf dem Markt besorgen muss.

Die Äpfel

Eine arme Apfelhändlerin, deren Stand nah am Hause Rabbi Chajims war, kam einst klagend zu ihm: „Unser Rabbi, ich habe noch kein Geld, um für den Sabbat einzukaufen." „Und dein Apfelstand?", fragte der Zaddik. „Die Leute sagen", antwortete sie, „meine Äpfel seien schlecht, und wollen keine kaufen." Sogleich lief Rabbi Chajim auf die Gasse und rief: „Wer will gute Äpfel kaufen?" Im Nu sammelte sich die Menge um ihn, die Münzen flogen unbesehen und ungezählt herbei, und bald waren alle Früchte zum doppelten und dreifachen Preis verkauft. „Sieh nur", sagte er zur Frau, als er sich zum Gehen wandte, „deine Äpfel waren gut, die Leute haben es nur nicht gewusst."

Martin Buber, Erzählungen der Chassidim

Symbol für Laster, Lust und Liebe

Der Apfel wurde im Altertum sowohl aufgrund seiner runden Form, die die weiblichen Brüste assoziieren lässt, als auch wegen seiner oft rötlichen Farbe und Süße zum Sinnbild *sündhafter* Begierden. Und so war es der Apfel, der die Ursache vom *Sündenfall* wurde und Adam zum Ursünder machte. Daher wurden in Nordeuropa – gerade auch in der bildenden Kunst – Äpfel als die verbotenen Früchte des Paradieses dargestellt.

Mit Jesus Christus, dem „neuen Adam", dem „neuen Menschen" (Neues Testament) wurde der „alte Adam" und damit zugleich die Sünde überwunden und der Weg zum Paradies wieder frei. Daher hängten frühere Generationen Äpfel an den Weihnachtsbaum, die Vorläufer unserer heutigen glänzenden Christbaumkugeln.

Übrigens versteht man in südeuropäischen Ländern nicht den Apfel als Frucht der Versuchung, sondern die *Feige*.

Wer die Geschichte von Adam und Eva nicht mehr ganz genau im Kopf hat, dem sei sie hier noch einmal auf heitere Weise erzählt.

Fünf Tage lang hat mit Bedacht
der liebe Gott die Welt gemacht.
Am sechsten Tag, da dacht' er: „Nun,
was kann ich heute noch mal tun?"

Er überlegte lang, doch dann
dacht' er: „Ich knete einen Mann."
Gesagt, getan, mit Lehm und Ton
war er auch bei der Arbeit schon.

Nach kurzer Zeit war es vollbracht:
den Adam hatte er gemacht.
Den Leblosen hauchte er dann
mit seinem göttlich' Odem an.

Mit großen Augen schaute nun
der Adam sich in Eden um.

Doch schon nach einer guten Stunde
kommt klagend es aus seinem Munde:

„Dies soll das Paradies hier sein?
So – ohne Frau – ich, ganz allein?“
Der liebe Gott sieht Adams Schmerzen
und denkt in seinem großen Herzen:

„Nicht gut ist’s, dass allein er bleib’,
zur Seite geb ich ihm ein Weib.“
Als Adam sich voll Frustration
ganz frühe schlafen legte schon,

schuf Gott die Frau – sie ist und war
schlicht ein perfektes Exemplar.
Aus einer Rippe – ganz gewitzt –
hat er sie liebevoll geschnitzt.

Als Adam diese Frau gesehn,
dacht’ er bei sich: „Die ist mal schön!
Nun bin ich nicht mehr so allein,
sie wird nun immer bei mir sein.“

Eva jedoch, am Leben kaum,
schaut hungrig auf den Früchtebaum,
der in des Gartens Mitte stand,
und dacht': „Es wäre eine Schand,

wenn wir dies Obst verkommen ließen,
lieber will ich davon genießen."
Der Adam sprach: „Nimm weg die Pfoten,
den hat der liebe Gott verboten!"

Jedoch voll List sprach nun die Schlange:
„Ach Eva, sei nur nicht so bange!
Wenn du von diesem Baum gegessen,
kannst Gut und Böse du ermessen."

Nichts war's mehr mit Zusammenreißen,
sie musste in den Apfel beißen.
Sie aß davon – und sie gab dann
von dieser Frucht auch ihrem Mann.

Da sahen sie voll Schrecken – ei,
wir sind ja beide Nackedei.

Es war nun klar und unverhehlt:
der Adam hat, was Eva fehlt.

Und umgekehrt war's ebenso,
was Eva hat, macht Adam froh.
Da sprach der Adam: „Komm!" – und husch
ging's hinter den Holunderbusch.

Neun Monat' drauf – spitzt nur die Ohren,
ward dann der kleine Kain geboren.
Ja, so fing's an, ihr lieben Leute,
so ist's geblieben halt bis heute.

Fortschritt lebt von Neugier

Stellen wir uns einmal vor, die Geschichte von Adam und Eva wäre anders verlaufen. Sie hätten sich beide an Gottes Verbote gehalten und nicht vom Baum der Erkenntnis gegessen. Wahrscheinlich würde es uns dann gar nicht geben – oder wir säßen heute noch alle im Paradies auf der Wiese unter den Bäumen, allerdings ohne Handy, Laptop und DVD-Player. Ich denke, der Schöpfungsmythos vom Paradies will uns darauf hinweisen, dass es sich beim Drang zur Erkenntnis, zu Wissenschaft und Forschung um eine göttliche Gabe handelt, die zugleich genuin menschlich ist. Es bedarf immer einer gewissen Neugierde, wenn man zu neuem Erkenntnisgewinn vordringen möchte. Wie gut wäre es, wenn der Mensch neben seinem Forscherdrang zugleich seine Vernunft gebrauchen würde, damit er mit den neuen Erkenntnissen auch verantwortlich umgeht.

Neues entdecken

Was für ein Glück,
dass es Menschen gibt,
die den Drang verspüren,
Neues zu entdecken,
die, von kreativen Einfällen getrieben,
Grenzen übertreten,
über Gewohntes hinausgehen
und zu einer unüblichen Sichtweise finden.
Menschen, die auch Fehlentwicklungen
als Erkenntnisgewinn bewerten,
die sich nicht einschüchtern lassen
von Pessimisten und Skeptikern,
die nicht in die Fußstapfen anderer treten,
sondern die Mühe auf sich nehmen,
steinige Wege zu erschließen
und für andere begehbar zu machen,
damit das tägliche Leben müheloser
und einfacher wird.

Friedolin Nöker

2 **Brezeln** mit Butter

Wie die Brezel entstanden sein soll

Zur Entstehung der Brezel gibt es unterschiedliche Sagen und Mythen. Eine beinhaltet, dass die Brezel eine Nachbildung der mönchischen Gebetshaltung ist, denn die Mönche kreuzten zum Gebet ihre Arme und legten ihre Hände dann auf die Schultern. Ihr Name ginge von daher auf den lateinischen Begriff *bracchium* zurück, was *Arm* bedeutet.

Einer alten ägyptischen Legende nach hatte ein Bäcker durch einen Frevel seine Gunst beim Pharao verwirkt und sollte mit dem Tode bestraft werden, es sei denn, er sähe sich dazu in der Lage, ein Gebäck herzustellen, durch das dreifach die Sonne scheint. Und so hat er die Brezel erfunden und sein Leben gerettet. Diese Sage wurde von Bad Urach, dem Zentrum des schwäbischen Brezellandes, auf die eigene Ortschaft bezogen.

Laugenbrezel – welch Malheur

Die Laugenbrezel soll entstanden sein, als ein Bäcker die Brezeln, anstatt mit Zuckerwasser, versehentlich mit der zum Reinigen der Backbleche bereitgestellten Natronlauge glasiert haben soll.

Was für ein Glück, dass ihm dieser Fehler unterlaufen ist. Denn was gibt es bei einem Stadtbummel so zwischendurch auf dem Weg oder am Abend zu einem Glas kühlen Weißwein, wenn man weder Zeit noch Lust auf die Herstellung eines größeren Essens verspürt, Feineres als eine warme knusprige Laugenbrezel mit frischer Butter?!

3 Unser tägliches **Brot**

Vom Wert des Brotes

Brot ist ein Grundnahrungsmittel, das jeden Tag auf unserem Tisch steht. Wir beginnen den Tag beim Frühstück mit frischen Brötchen und decken abends den Tisch zum „Abendbrot". In vornehmen Restaurants wird vor dem Servieren der bestellten Speisen ein Körbchen mit Brot auf den Tisch gestellt, dazu etwas Butter oder eine appetitanregende Kräutercreme. Früher wurde das Brot in den bäuerlichen Familien im eigenen Herd gebacken. Dadurch, dass das Getreide selbst geerntet, gedroschen und gemahlen wurde, hatten alle auf dem Hof einen direkten Bezug zum Brot, der mit Achtung und Dankbarkeit verbunden war. Nichts davon durfte umkommen. Trocken gewordene Stücke wurden zu einer Brotsuppe verarbeitet.
Heute kaufen die meisten von uns Brot in einer Bäckerei oder im Supermarkt. Wir machen uns

selten Gedanken darüber, wer alles daran beteiligt war, bis es auf unserem Tisch landet: die Bauern, die Lkw-Fahrer, die Bäcker, das Verkaufspersonal und viele mehr. Der Erwerb von Brot ist uns selbstverständlich geworden, wir brauchen nur unter zahlreichen Sorten zu wählen. Damit geht für manch einen zugleich die Ehrfurcht vor dem Brot verloren. Schnell werden ein trocken gewordener Kanten oder eine Scheibe Schulbrot in den Mülleimer geworfen. Das sehnsüchtige Verlangen nach Brot in den Hungerjahren der Kriegs- und Nachkriegszeit beschreibt Heinrich Böll in *Das Brot der frühen Jahre*: „Der Hunger lehrte mich die Preise; der Gedanke an frisch gebackenes Brot machte mich ganz dumm im Kopf, und ich streifte oft abends stundenlang durch die Stadt und dachte an nichts anderes: Brot." Auch heute hungern Millionen auf dieser Erde; täglich sterben 25 000 Menschen an Hunger, darunter 13 000 Kinder – und das wäre nicht nötig, wenn die Verteilung der Lebensmittel anders organisiert werden würde, mit dem Ziel, dass jeder Mensch satt werden kann.

Für dich gegeben

Brot ist im Christentum mehr als nur ein Sättigungsmittel. Es symbolisiert den Leib Christi, so wie es im Abendmahlsritus heißt: „Nehmt hin und esst, dies ist mein Leib, der für euch gegeben wird zu meinem Gedächtnis." Die Teilhabe am Sakrament des Brotes schafft eine tiefe Verbindung der Gläubigen untereinander. Sie werden mit der Hoffnung genährt, dass sie im Glauben an Gott zu sich selbst und den eigenen schöpferischen Kräften in eine neue Beziehung treten und dadurch auf tiefgreifende Weise gesättigt werden.

An die Stelle von Einsamkeit tritt Gemeinschaft, an die Stelle von Schuld tritt Vergebung, an die Stelle von innerer Verlorenheit tritt die Erfahrung von sinnerfülltem Sein.

Danke für das tägliche Brot

Danke
für das Samenkorn
im Acker,
für die Ähren
auf dem Felde,
für das Brot
auf dem Tisch.

Danke
für die Menschen,
die daran
beteiligt sind,
dass ich
jeden Tag
satt werden darf.

Brot zum Leben – Brot zum Segen

Das Brot
miteinander brechen,
den Dank darüber
aussprechen
und es teilen,
damit aus einem
Lebensmittel
ein Mittel
zum Leben wird –
zum Segen
für viele.

4 **Champagner** im Blut

Das Getränk der Könige

„Bei Siegen hat man ihn verdient,
bei Niederlagen braucht man ihn."
Winston Churchill

„Ich trinke Champagner, wenn ich froh bin und wenn ich traurig bin. Manchmal trinke ich davon, wenn ich alleine bin; und wenn ich Gesellschaft habe, darf er nicht fehlen. Wenn ich keinen Hunger habe, mache ich mir mit ihm Appetit, und wenn ich hungrig bin, lasse ich ihn mir schmecken. Sonst aber rühre ich ihn nicht an, außer wenn ich Durst habe."
Madame Bollinger

Feiern können

Wir werden es im Alltag sicherlich nicht so handhaben wie Madame Bollinger, eine der *Grandes Dames* des Champagners und uns dieses edle Getränk rund um die Uhr kredenzen lassen, allein schon, weil es sehr teuer ist. Aber es ist ja auch schön, wenn man sich zu besonderen Gelegenheiten, wie zum Beispiel einer Geburtstags- oder Hochzeitsfeier, einem Jubiläum oder einer Beförderung etwas Außerordentliches gönnen kann. Bei solchen Anlässen ist es schon fast ein Ritual, eine Flasche Champagner zu entkorken und in geselliger Runde mit dem edlen Getränk anzustoßen. Diesem schäumenden, spritzigen Aperitif folgt im Allgemeinen ein erlesenes Essen in gediegener Atmosphäre, oft in mehreren Gängen; dazwischen werden die Gäste mit Reden oder Musik unterhalten. Und noch lange Zeit nach dem Fest erinnern wir uns mit Freude daran.

5 Süße **Dattel**

Datteln – Brot der Wüste

Bei der Vielzahl von Dattelsorten strömt uns eine ganze Palette der köstlichsten Aromen entgegen: Sie schmecken nach Sahne-Karamell, Pflaumentorte, Marzipan, Nougat, Aprikosenwaffel, Apfeltasche, Mokkatörtchen, Butterkeks, Honigbonbon, Vanille, um nur einige zu nennen; damit ersetzen sie im Grunde genommen eine Schachtel mit Pralinen. Ihr hoher Zuckergehalt macht sie zu einem wichtigen Proviant bei Wüstenwanderungen, daher werden sie auch „Brot der Wüste“ genannt.

Wir genießen diese Kalorienbomben pur oder mit Marzipan oder – in würziger Variante – mit Ziegen- oder Frischkäse gefüllt; grillen sie im Speckmantel oder verwenden sie für Obstsalat, Früchtebrot oder Dattelkuchen.

Etwas bleibt und keimt neu auf

In den 1960er Jahren fanden Archäologen am israelischen Festungsberg Masada Dattelkerne, deren Alter auf 2000 Jahre bestimmt wurde. Inzwischen hat eine israelische Botanikerin drei Kerne davon in die Erde gesteckt – und einer davon hat gekeimt und gedeiht. Man hofft, dass man aus dieser Pflanze weitere nachzüchten kann, da sie Heilmittel gegen Krebs und Infektionskrankheiten enthalten sollen, die in den heutigen Datteln nicht mehr vorhanden sind.

Aber nicht nur die Aussicht auf einen neuen medizinischen Wirkstoff macht an diesem Ereignis Mut. Ist es nicht faszinierend, dass Leben einen so langen Zeitraum überdauern kann? Wer weiß, was von der Saat, die wir in die Welt hineingeben, bleibt und – erst Hunderte von Jahren später – Früchte trägt.

6 **Ei, Ei** …

Urlaubsgefühle im Alltag

Neulich hatte ich Besuch von einer guten Freundin. Als ich zum Frühstück auch ein frisch gekochtes Ei servierte, rief sie überrascht und erfreut aus: „Das ist ja wie im Urlaub!“

Meistens frühstücken wir ja hastig: schnell eine Tasse Kaffee, eine halbe Schnitte Brot oder einen Joghurt. Aber an Sonn- und Feiertagen oder eben im Urlaub können wir uns für ein ausgiebiges Frühstück Zeit lassen: für dessen Zubereitung, während der wir uns zum Beispiel ein Ei kochen, als auch für den genüsslichen Verzehr der mit Wurst oder Käse belegten Brötchen, Croissants, Marmeladen, Obst, Müslis oder was uns sonst am Morgen mundet. So können wir uns auch unter dem Jahr dann und wann Urlaubsgefühle schmecken lassen.

Woher kommt das Osterei?

Woher kommt eigentlich der Brauch, zu Ostern Eier zu essen? In den vor Ostern liegenden sieben Wochen der Fastenzeit, in der die Christen des Leidens und Sterbens Jesu Christi gedenken, war in der mittelalterlichen Kirche der Verzehr von Fleisch und tierischen Fetten untersagt. Da das Ei als flüssiges Fleisch verstanden wurde, fiel es auch unter die Fastenregel. Von daher hat man die Eier, die in der Passionszeit gelegt wurden, in der kühlen Erde eingegraben oder mit Salz haltbar gemacht (Soleier). Wenn am Ostersonntag der Genuss von Fleisch und Tierprodukten wieder erlaubt war, gab es viele Eier, die nach dem langen Verzicht in den unterschiedlichsten Zubereitungsformen verspeist wurden. Aus dieser Tradition hat sich das mit den delikatesten Füllungen versehene Konfektei entwickelt, das Kinder wie Erwachsene lustvoll vernaschen.

7 Sommerzeit – **Eiszeit**

Die Zeit des großen Schleckens

Ist's im Sommer gar zu heiß,
gönnen wir uns gern ein Eis.
Doch was ist's für eine Qual,
so viel Sorten stehn zur Wahl:
Erdbeer, Himbeer und Zitrone,
Schokolade und Melone,
Nougat, Wal- und Haselnuss,
die verheißen Höchstgenuss.
Stracciatella, Kokos, Zimt,
ob man die mal heute nimmt?
Kirsch, Vanille, Karamell,
da bin ich doch gleich zur Stell'.
Joghurt, Cassis, Ananas
wären auch ein Riesenspaß,
geradeso wie Heidelbeer
oder eines mit Likör,
Malaga mit etwas Rum,
Chili und Basilikum,

Pfefferminz nicht zu vergessen,
ach, was möchten wir denn essen?
Von den Kugeln heute zwei,
morgen dann die nächsten drei,
übermorgen gerne vier,
bis ich auch mal fünf probier'.
Geht der Sommer dann zur Neige
nehme ich noch eins mit Feige.
Hatte jeden Tag Vergnügen –
nur die Waage will nicht lügen.
Doch ein bischen Winterspeck
hält die Kälte von mir weg –
freue mich im Stillen schon
auf die nächste Eissaison.

Für jeden Geschmack etwas

Es ist ein großes Glück,
dass in unserem Leben
für jeden Geschmack
gesorgt ist.

8 Wenn **Erdbeeren** verlocken

Von der Lust an der Lust

Erdbeeren sind kleine Verführerinnen: leuchtend rot und süß standen sie immer in Verbindung mit den Göttinnen der Liebe. Hätte es im Paradies schon die heutigen Erdbeerzüchtungen gegeben, hätte Eva ihrem Adam vielleicht eine solche Frucht gereicht. Erotische Lust wurde ja im Verlauf der christlichen Kirchengeschichte zunehmend zur „Sünde des Fleisches". Warum eigentlich? Auch unser Leib mit all seiner Sinnenlust ist eine gute Gabe des Schöpfers. So heißt es bei Prediger Salomo 4,11: „Wenn zwei zusammen schlafen, wärmt einer den andern; einer allein – wie soll er warm werden?" Und im Hohenlied wird die Liebe mit euphorischen Worten beschrieben: „Freunde, esst und trinkt, berauscht euch an der Liebe" (Hohelied 5,1b).

Dabei ist nicht von einem flüchtigen Akt die Rede, der zu einer kurzen Befriedigung und einem schalen Erwachen am „Morgen danach" führt, sondern von der gegenseitigen Hingabe mit Leib und Seele. Der Paradiesmythos spricht bei Adam und Eva davon, dass sie einander *erkannten*. In ihrer Umarmung nahmen sie den anderen in seiner Persönlichkeit ganz wahr.

Verschmelzung in der Liebe, lustvoll und leidenschaftlich wenigstens für kurze Zeit ganz eins werden dürfen miteinander, das ist ein himmlisches Geschenk an unser Leben.

Tipp:
Verrühren Sie Puderzucker mit Zitronensaft und einem Gläschen Orangenlikör und marinieren Sie die frischen Erdbeeren etwa eine halbe Stunde darin. Aber überlegen Sie sich vorher, wen Sie damit verführen möchten.

„Versuchungen sollte man nachgeben.
Wer weiß, ob sie wiederkommen."
Oscar Wilde

Süße Früchte

Mein Herz begehrt
von den süßen Früchten des Lebens
zu naschen.
Ich will sie in meinen Garten pflanzen
und dort hegen und pflegen
bis sie reif sind –
um dann zu genießen,
was ich mein eigen nennen darf.

9 Pflück dir ein Herz vom **Feigen**baum

Stört mir die Liebe nicht

Genau betrachtet, hat eine Feige die Form eines Herzens. Schneidet man sie der Länge nach auf, so symbolisiert sie die Vulva. Die gallischen Götter wurden im Mittelalter *ficarii*, also *Feigen-Esser* genannt. Damit vergleichbar sind die *Lotos-Esser* Homers, denn sowohl Feige wie auch Lotos sind Sinnbild für die weiblichen Genitalien. Von daher war die Feige Sinnbild für Liebe, erotische Lust und Fruchtbarkeit. Eine biblische Allegorie, die auf gewisse Frühlingsgefühle anspielt, findet sich im zweiten Kapitel des Hohenliedes: „Denn sieh, der Winter ist vorüber, der Regen ist ganz und gar vorbei. Die Blumen erscheinen im Land, die Zeit zum Singen ist da, und der Ruf der Turteltaube erschallt in unserem Land. Am Feigenbaum reift die erste Frucht."

Sich der Liebe hingeben

Fass dir ein Herz
und genieße das Leben,
die Lust und die Liebe.
Überlass dich den Freuden
der Sinnlichkeit,
gib dich dem Augenblick
der Erfüllung hin
und leere den Becher
des seligen Glücks
bis hin zu dem
letzten Tropfen.

Sinnliche Liebe

Die Früchte der Liebe
will ich sorgsam sammeln,
um mich an jeder einzelnen
von ihnen lustvoll zu laben.

Zum Buddha werden

Siddharta Gautamas tiefster Wunsch war es, alles Leiden zu überwinden. Nachdem er erkannt hatte, dass ihn der Weg der Askese und Selbstpeinigung nicht zur Erkenntnis der Wahrheit führen würde, ließ er sich unter einem Feigenbaum nieder. Der Versucher Mara tat alles, um ihn von seinem Verlangen abzubringen: doch weder Naturkatastrophen noch weltliche Verlockungen wie zum Beispiel Reichtum konnten Siddharta von seinem Ansinnen abhalten. Seine Standhaftigkeit vertrieb die Heere des Versuchers. So erlangte er die vier Stufen der Versenkung und die vollkommene Erleuchtung – und wurde zum Erleuchteten, zum Buddha.

Sein Feigenbaum, der *boddhi-Baum*, wurde als *fica religiosa* oder auch *heilige Feige* verstanden.

Zur Ruhe kommen

Sich an einen Ort begeben,
der einen aller Ablenkungen enthebt
und zur Ruhe kommen lässt.
Sich in die eigene Tiefe versenken,
um seiner selbst
in aller Stille
inne zu werden.
Sich mit der Sehnsucht
nach erlöstem Leben füllen,
bis das Herz von Ängsten
und Zwängen frei wird
und der Atem gleichmäßig fließt.
Sich – so verwandelt und befreit –
dem Leben wieder stellen können
in der Gewissheit, nunmehr
ein anderer zu sein.

10 **Gummibärchen** – welche Lust

Von der Lust, sein Vermögen zu verprassen

Ich war vielleicht vier oder fünf Jahre alt, als ich in den stolzen Besitz eines Fünfpfennigstückes geriet. Vermutlich hatte ich es auf der Straße gefunden, denn Taschengeld gab es zu dieser Zeit noch nicht. Ich besaß also mit diesen fünf Pfennigen ein ungeheures, auf keinem rechtschaffenen Weg erworbenes Kapital.

Irgendwann und irgendwo muss ich einmal in den Genuss von Gummibärchen gekommen sein, eine Leckerei, die ich von zu Hause nicht kannte. Jetzt aber, im Besitz eines kleinen Vermögens, lüstete mich sehr danach. Um den Süßigkeitsladen zu erreichen, musste ich eine Straße überqueren, was mir strengstens untersagt war. Man bedenke: Es ging um die Zeit Anfang der 1950er Jahre, als ohnehin kaum Autos auf den Straßen waren. Aber meine Mutter war diesbezüglich überängstlich. Allen Verboten zum Trotz überquerte ich die Fahrbahn und begab mich in den Süßigkeitsladen. „Ich hätte gerne drei Gummibärchen.“ Eines kostete damals einen Pfennig. Die Verkäuferin hielt mir freundlich ein riesengroßes Glas hin – und ich durfte zwischen den unterschiedlichen Farben und Geschmacksrichtungen wählen.

In der Nebenstraße genoss ich ohne Ende heimlich jedes einzelne Gummibärchen. Und dann überkamen mich Lust und Gier zugleich, sodass ich auf dem Rückweg auch mein Restvermögen in Gestalt eines Zweipfennigstückes verprasste und mir zwei weitere Gummibärchen leistete.

Meine Mutter hat von diesem tollkühnen Unterfangen nie erfahren. Aber wenn Sie mich heute fragen: Ich habe es nie bereut, damals mein ganzes Kapital für diesen himmlischen Genuss eingesetzt zu haben.

Sich selbst etwas gönnen

Heute werfe ich
alle Sparsamkeit
über Bord
und gönne mir,
wovon ich
schon so lange
geträumt habe.

11 Schmecke die Süße des **Honigs**

Wenn es nach „Weihnachten“ riecht

Wer in der Adventszeit selbst allerlei Lebkuchen- und Gewürzplätzchen backt, deren Duft die ganze Wohnung durchströmt, der kann dabei auf Honig nicht verzichten. Papst Benedikt XVI. schreibt dazu:

„Selbst ein scheinbar so äußerlicher Brauch wie das Weihnachtsgebäck hat seine Wurzeln in der Adventsliturgie der Kirche, die in diesen Tagen des sinkenden Jahres das herrliche Wort des Alten Testaments aufnimmt: ‚An jenem Tag werden die Worte Süßigkeit träufeln, und die Flüsse werden Milch und Honig führen.‘ In solchen Worten hatten die Menschen damals den Inbegriff ihrer Hoffnungen auf eine erlöste Welt ausgedrückt. Und wiederum war es so, dass unsere Ahnen Weihnachten als den Tag begingen, an dem Gott wirklich gekommen ist. Wenn er in der Weihnacht kommt, teilt er gleichsam den Honig aus. Dann muss es wahr sein, dass die Erde davon fließt; wo er ist, da ist alle Bitterkeit verschwunden, da stimmen Himmel und Erde, Gott und Mensch überein, und der Honig, das Honiggebäck, ist Zeichen dieses Friedens, der Eintracht und der Freude."

Sinnbild für Reichtum und Süße

Wer kennt nicht den Traum von einem Land, in dem Milch und Honig fließen, dem Land, in dem alle satt werden in ihrem Lebenshunger? In der hebräischen Bibel wird es den Israeliten verheißen, das Land, in dem sie nach der Sklaverei in Ägypten endlich Freiheit und Frieden finden sollen.

Aber auch in anderen Religionen war der Honig von Bedeutung. So wurde Honig im alten Ägypten als „Tränen des Sonnengottes Ra" verstanden; bei den Germanen galt er als

Götterspeise, durch den dem höchsten Gott Odin Kraft, Weisheit und Unsterblichkeit verliehen worden war. Auch Met, der aus gegorenem Honig und Wasser hergestellte Wein, war der germanischen Mythologie nach der Trank der Götter und Helden, sowie im alten Griechenland Getränk der Götter im Olymp. Seine berauschende Wirkung wurde von den Menschen als Übergang göttlicher Kräfte auf ihr Wesen verstanden.

Machen wir also die Probe aufs Exempel, trinken wir ein Gläschen Met oder schlecken Honig vom Löffel oder genießen ihn auf einem frischen, knusprigen, mit Butter bestrichenen Brötchen. Und schauen wir, ob wir dadurch Lebenskraft gewinnen und uns zugleich das himmlische Glück spiritueller Erfahrung zuteil wird, in der uns ein Hauch von Ewigkeit umweht.

12 **Ingwer** – echt scharf!

Ingwer ist gesund

Die Ingwerwurzel ist eins der ältesten und beliebtesten Gewürze. Der weise Konfuzius ließ – der Überlieferung nach – alle seine Speisen mit Ingwer würzen. Ob darin die Ursache für seine Weisheit gelegen haben mag? Wir wissen es nicht. Tatsache aber ist, dass Ingwer sehr gesund ist. Er hilft bei Erkältungen, Magen- und Darmbeschwerden, bei Migräne und Asthma und senkt den Blutzuckerspiegel. Da er das Blut verflüssigt, kann er auch Schlaganfällen und Thrombosen vorbeugen. Also ist es doch ein Zeichen von Weisheit, zahlreiche Speisen, wie zum Beispiel süßsaure oder auch fruchtige Salate, geschmorte Geflügelgerichte oder Delikatessen aus Shrimps mit frischem Ingwer zu würzen. Denn die Gesundheit ist ja bekanntermaßen unser höchstes Gut.

Ingwer, eine „heiße" Pflanze

Neben seinen gesundheitlichen Vorzügen galt Ingwer immer schon als Aphrodisiakum. So stellt man sich dem Koran nach vor, dass im Paradies Wein mit Ingwerwasser vermischt kredenzt wird. Und auch der christliche Himmel soll von anregenden Wohlgerüchen erfüllt sein, zu denen Zimt, Nelken und eben Ingwer beitragen.

Im Mittelalter wurde die Lust fördernde Wirkung des Ingwers allerdings zunehmend als sittenwidrig eingestuft. Junge Mädchen sollten ihn ganz meiden, um nicht der fleischlichen Sünde zu verfallen. Hildegard von Bingen ging sogar so weit, zu empfehlen, dass gesunde Menschen auf Ingwer ganz verzichten sollten; nur „wer fast schon stirbt", solle sich Ingwerpulver in die Suppe oder aufs Brot streuen, „und es wird ihm besser gehen."

Aber ich denke, so lange sollten wir heute nicht mehr mit dem Genuss von Ingwer und anderen schönen Dingen warten.

Tipp:
Geben Sie unter 500 g Buttermürbeteig 100 g klein geschnittenen kandierten Ingwer. Wenn das Gebäck aus dem Ofen kommt, duftet nicht nur die Küche – da lacht auch der Magen. Und wenn Sie es dann noch besonders gut meinen, bereiten Sie eine mit Whisky oder Cognac abgeschmeckte Schokoladentrüffelcreme zu und füllen diese zwischen jeweils zwei Plätzchen. Dann liegt Weihnachten nicht nur in der Luft, sondern zugleich auf Ihrer Zunge.

13 **Joghurt** – was lange gärt …

Wie der Joghurt entstand

Die Joghurtherstellung wurde, so sagt man, von den Thrakern entdeckt. Sie trugen am Gürtel einen Sack aus Lammfell, der mit Milch gefüllt war. Durch die Körpertemperatur in Verbindung mit der Mikroflora im Lammsack kam es zum Prozess der Milchsäuregärung. Das Produkt nannten sie in ihrer Sprache „dicke Milch“ (*jog* „dick“ und *urt* „Milch“).

In unserem Leben gärt es ja auch manchmal. Es gibt Probleme, die uns zu schaffen machen, Krisen, aus denen wir keinen Ausweg zu finden meinen. Aber wir dürfen darauf hoffen, dass daraus, wenn wir sie eine Weile mit uns herumgetragen haben, Kräftigendes für die Zukunft erwächst.

Wer wünscht sich nicht ein langes Leben?

Um die Verbreitung des Joghurts ranken sich zahlreiche Legenden. Die bekannteste ist wohl die, nach der König Franz I. (1494–1547) einen türkischen Arzt riefen ließ, damit dieser ihn von seinen Magenbeschwerden und Depressionen heilen sollte. Der Arzt machte sich zu Fuß mit seiner Herde auf den Weg nach Paris. Dort kurierte er die Leiden des Königs mit bulgarischem Joghurt, doch in der Kälte des Winters erfror die Herde des Heilers. Aus Gram darüber nahm er das Rezept für die Joghurtherstellung wieder mit nach Hause.

Im Jahr 1906 untersuchte der Pariser Bakteriologe Ilja Metschnikow die Verbindung zwischen der hohen Lebenserwartung der Bulgaren und ihrer Alltagskost – und machte den im Joghurt enthaltenen „Bacillus bulgaricus" dafür verantwortlich. Wenn wir uns also ein langes Leben wünschen, dann sollten wir die Joghurtregale in den Geschäften schnellstens leerräumen.

14 Alles **Käse**

Zu Gast bei Freunden

Es ist schon lange her, als ich bei Freunden in der Schweiz eingeladen war. Zum Abendessen gab es eine Überraschung für mich: Käse-Raclette mit Pellkartoffeln, dazu Gewürzgurken und Silberzwiebeln. Ich hatte dieses Essen derart genossen, dass ich, einige Jahre später, bei diesen Freunden erneut zu Gast, inständig gehofft hatte, die gleiche Speise zum Abendessen noch einmal zu bekommen. Leider wurde ich enttäuscht, was dazu führte, dass ich mir selbst ein Raclettegerät angeschafft und seither viele Gäste mit dieser Schweizer Spezialität und den unterschiedlichsten Beilagen bewirtet habe. Das Schöne an diesem Essen ist, dass man selbst mit seinem Besuch am Tisch sitzen bleiben und sich an den Gesprächen beteiligen kann. Und noch nie ist jemand am Ende hungrig von meinem Tisch aufgestanden.

Von steinaltem und jungem Käse

Wer glaubt, der Käse sei eine Erfindung der Schweizer, irrt gewaltig. Die Geschichte des Käses beginnt mit der Sesshaftwerdung der Menschen in der Mittelsteinzeit. Durch die Zucht von Schafen, Ziegen und Rindern war genug Milch vorhanden, um daraus Käse zu gewinnen.

Bei den alten Griechen galt Ziegenkäse als Geschenk der Götter des Olymp und war von daher auch Opfergabe. Zudem wurde mit Schafs- und Ziegenkäse – neben eigenem Verzehr – reger Handel betrieben.

Schafs- und Ziegenkäse dienten auch den Römern der Antike als Grundnahrungsmittel. Sie mischten bei der Käseherstellung bereits Kräuter unter, um den Geschmack zu variieren. Man geht heute davon aus, dass sie auch schon einige Hartkäsesorten kannten, die dem heutigen *Parmesan* oder *Teleggio* vergleichbar gewesen sein sollen.

Im Mittelalter wurde Käse vor allem in Klöstern hergestellt. Um 1550 hatte man dort bereits circa 50 Käsesorten entwickelt, die oft heute noch nach den entsprechenden Klöstern benannt sind, wie zum Beispiel *Port Salut* und *Maroilles*. Der Name *Munster-Käse* leitet sich vom griechisch-lateinischen Wort *monasterium* ab, was zu deutsch Kloster bedeutet.

Die Vielfalt der Käsesorten, die uns gegenwärtig zur Verfügung stehen, haben wir zum einen der Erfindung der Lokomotive zu verdanken, mittels derer leicht verderbliche Käsesorten wie Weichkäse und Edelschimmelkäse schneller transportiert werden können, zum anderen den Entdeckungen Louis Pasteurs (1822–1895), Mikroorganismen wirksam abzutöten, was ermöglichte, Käse in Molkereien industriell herzustellen.

Denken wir dankbar an die vielen Wege, Käse auf die unterschiedlichste Weise genussfähig und letztlich auch transportfähig zu machen, wenn wir das nächste Mal für unsere Gäste mit einigen der mehr als 5000 verschiedenen Käsesorten, die es heutzutage weltweit gibt, eine Käseplatte richten.

15 Gönn dir eine **Kaffee**pause

Pausen einlegen

Gönn dir doch öfter am Tag eine Kaffeepause.
Der Abstand zu den Aufgaben
in Verbindung mit dem belebenden Getränk
lässt dich wieder durchatmen,
so dass du erfrischt
zu deiner Arbeit zurückkehren kannst.

Wie viele Tassen tun einem gut?

Von dem französischen Dichter und Philosophen Voltaire (1694–1778) wird erzählt, dass er täglich 50 Tassen Kaffee getrunken haben soll. Als ein Freund ihm ins Gewissen redete, dass das schleichendes Gift sei, antwortete er: „Ja, du hast Recht. Ich trinke ihn aber erst seit 65 Jahren."

„Eine Tasse Kaffee soll schwarz sein wie der Teufel, heiß wie die Hölle, rein wie ein Engel und süß wie die Liebe.“
Talleyrand

Einen Kaffee zusammen trinken

Es ist zu einem Zeremoniell geworden, „einen Kaffee miteinander trinken zu gehen“. Dabei geht es eigentlich weniger um das braune, duftende Getränk an sich, als darum, ein Stündchen in einem netten Café zusammenzusitzen und sich im Gespräch auszutauschen. Vielleicht hat man etwas auf dem Herzen, das man loswerden möchte, oder man hat einfach nur Lust, über dieses und jenes zu plaudern, zu lästern oder zu lachen. In jedem Fall sind solche kleinen Auszeiten wohltuend für die Seele, weil sie einen entlasten, aufheitern oder auch mit neuen Impulsen bereichern.

Wie der Kaffee entstand …

Vor langer Zeit beobachteten Hirten in Äthiopien, dass ein paar ihrer Ziegen fröhlich und munter umhersprangen, während andere müde und faul dahertrabten. Da sie dieses unterschiedliche Verhalten irritierte, fragten sie in einem nahegelegenen Kloster um Rat. Die Mönche beobachteten, dass einige Ziegen an roten, kirschähnlichen Früchten knabberten. Und gerade diese Tiere waren es, die so übermütig umhertobten. So pflückten die Mönche diese Früchte und bissen darauf. Da sie ihnen aber bitter schmeckten, warfen sie sie enttäuscht ins Feuer. Kurze Zeit darauf wurde die Luft von einem köstlichen Duft erfüllt. Die Mönche nahmen die Früchte wieder aus der Asche und gossen Wasser darauf, um ein Getränk herzustellen, das ihnen vorzüglich mundete. Vor allem genossen sie seine anregende Wirkung, die ihnen fortan half, bei den nächtlichen Gebeten wach zu bleiben, so dass sie es als ein Geschenk Gottes priesen.

16 Wer hat die dicksten **Kartoffeln**?

Vom Feld auf den Tisch

Die Kartoffel hatte es schwer, sich als Lebensmittel überhaupt durchzusetzen. Friedrich der Große (1712–1786) bemühte sich, die Kartoffel zur Bekämpfung der Hungersnot im Land zu verbreiten. Doch die Bauern lehnten es ab, die aus ihrer Sicht unattraktive Pflanze anzubauen. So bediente sich der König einer List. Er ließ Felder mit Kartoffelpflanzen anlegen und von seinen Soldaten dem Anschein nach bewachen. Während die Soldaten angeblich schliefen, stahlen die Bauern heimlich die offensichtlich wertvollen Erdfrüchte, probierten davon und bestellten schließlich ihre Äcker damit.

Die tolle Knolle mausert sich

In den 1950er und 60er Jahren wurden bei uns zu Hause in Hamburg fünf bis sechs Zentner Kartoffeln für den Winter eingekellert: für eine vierköpfige Familie wohlgemerkt. Kartoffeln waren nicht eine Beilage zum Essen, sondern Hauptnahrungsmittel. Sie waren uns nur als Salz-, Pell- und Bratkartoffeln bekannt. Wenn wir nicht satt geworden waren, gab es noch ein paar Kartoffeln mit etwas Margarine. Später kamen dann auch einmal Püree und Kartoffelpuffer auf den Tisch.

Im Laufe der Jahre hat sich die Kartoffel vom Sättigungsmittel zu zahlreichen Köstlichkeiten gemausert. Man denke nur an die heiß geliebten Pommes frites, die krossen Röstis, Chips, Kroketten, Gnocchi und Gratins, an Kartoffelauflauf, Klöße und Kartoffelsalat.

Und was lernen wir daraus? Auch aus einfachen Dingen kann man mit etwas Fantasie ein Kunstwerk zaubern.

Da haben wir den Salat

… Daneben aber auf flachem
Gläsernem Tellerchen lud der Kartoffelsalat
zum Genuß ein.
Oh, welch ein Kunstwerk auch er! Von harten
Eiern umgeben
Und von dem zartesten Grün der Endivie
neckisch umkräuselt,
Lagen die safrangelben Scheiben der Kipfel-
Erdäpfel,
Reichlich mit Dottern vermengt und glänzend
vom Essig und Öle,
Gleich einem Häufchen Dukaten zum Gipfel
der Wonne geschichtet,
Diesen aber bekrönte in perlmutternen
Ringeln
Ambrosianischen Duftes die köstliche Würze
des Zwiefels!

Aus: Anton Wildgans, Kirbisch oder
Der Gendarm, die Schande und das Glück (1927)

17 **Kirschen** aus Nachbars Garten

Es sitzt eine Jungfrau auf einem Baum,
hat ein rotes Röcklein an.
In ihrem Herzen sitzt ein Stein.
Rat, was mag das sein?
Ein Volksrätsel

Rote Lippen soll man küssen …

Vielfach werden die prallen roten Lippen eines Mädchens mit Kirschen verglichen. Kein Wunder, denn die symbolische Bedeutung der Kirsche steht für Erotik und Leidenschaft. So formulierte Martin Luther: „Der eine frisst die Kirschen aus und hängt den Korb dem andern an den Hals“, was so viel heißen soll wie: einer verführt ein Mädchen, und wenn es schwanger geworden ist, überlässt er es einem anderen zum Heiraten. Aber so weit muss es bei einem Kuss ja nicht gleich kommen.

Wann haben Sie das letzte Mal geküsst?

Hand aufs Herz: wann haben Sie das letzte Mal geküsst? Noch in den späten 1970er Jahren waren öffentliche Küsse verpönt. Ich erinnere mich an einen Elternabend in dieser Zeit, auf dem unter der Bezeichnung „Amouröses“ angesprochen wurde, die Eltern mögen doch ihre Kinder dahingehend beeinflussen, derlei Austausch von Zärtlichkeiten auf dem Schulgelände zu unterlassen.

Heutzutage knutschen Jugendliche auf dem Schulhof, auf der Straße oder in Gaststätten, ohne dass sich irgendjemand daran stört.

Ich denke, das ist auch gut so. Was gibt es Schöneres auf der Welt als Menschen, die zärtlich zueinander sind.

Aber wie steht es diesbezüglich um uns selbst? Ein Küsschen rechts und links auf die Wange gehört für viele zum Begrüßungsritual. Aber wäre es nicht schön, auch einmal wieder dem Partner, der Partnerin einen richtigen Kuss auf die Lippen zu drücken?

Wie schmecken doch die Kirschen gut

Wie schmecken doch
die Kirschen gut,
so frisch vom Baum gepflückt,
der Saft, die Süße haben mich
ganz wundersam entzückt.

Und dann, entsteint,
da wandern sie
in einen feinen Kuchen,
ein wenig Zimt darauf gestreut,
kann man ihn dann versuchen.

Doch auch im
Marmeladenglas
kann man sie gut verstecken,
sowie in einem Kirschkompott
genüsslich gar verschlecken.

18 **Kohl** – Kopf an Kopf

Lust am Wachsen und Gedeihen

Gesundes Wintergemüse, das ist Kohl in seinen unterschiedlichsten Sorten. Vielleicht baut ja der ein oder andere Kohl im eigenen Garten an. Dann wird er nachempfinden können, was der junge Werther in Goethes berühmtem Roman seinem Freund Wilhelm schreibt:

„Wie wohl ist mir's, daß mein Herz die simple, harmlose Wonne des Menschen fühlen kann, der ein Krauthaupt auf seinen Tisch bringt, das er selbst gezogen, und nun nicht den Kohl allein, sondern all die guten Tage, den schönen Morgen, da er ihn pflanzte, die lieblichen Abende, da er ihn begoß und er an dem fortschreitenden Wachstum seine Freude hatte, alle in einem Augenblicke wieder mitgenießt."

Werther hat beim Pflanzen nicht das Ziel im Auge, den Kohlkopf eines Tages verspeisen zu dürfen. Er kann sich jeden Tag an seinem Wachstum erfreuen – und wenn er ihn dann auf dem Teller hat, so ist er sich vieler beglückender Augenblicke seines Lebens in dem verflossenen Sommer bewusst.

Tipp:
Geben Sie unter das mit Zwiebeln und Knoblauch angedünstete und mit Kümmel und Rahm abgerundete Wirsinggemüse zum Schluss ein wenig frisch geriebenen Meerrettich. Eine pikante Variante.

Die Leiden des jungen Grünkohls

Ein Grünkohl wuchs
in einem Garten
und sprach: „Ihr könnt
noch lange warten,
denn schmecken tue ich
zum Biere
erst nach dem Frost,
wenn ich recht friere."
Da kroch eine Raupe –
wie gemein –
in die vielen saftigen
Blätter hinein,
und fraß – und fraß –
und sagte am Ende:
„Das war's."

19 Leckere **Lakritze**

Süßholz raspeln

Wir kennen den Ausdruck „Süßholz raspeln" in dem Sinne, dass man jemandem übermäßig schmeichelt, ihm quasi „Honig um den Bart schmiert". Süßholz wird aber wirklich geraspelt – und zwar wird daraus in einem langwierigen Verfahren Lakritze hergestellt. Doch lange bevor dieser Vorgang zu mehr als zweihundertfünfzig unterschiedlichen Leckereien führte, wurde der Saft der Süßholzwurzel geschätzt. Schon die alten Griechen verwendeten ihn als Heilmittel gegen Erkältungen, weil er schmerzlindernd und entzündungshemmend wirkt. Aufgrund dieses heilvollen Effekts nannten die Ägypter das Süßholz das „braune Gold der Götter". Da wundert es einen nicht, dass man im Grab des Pharaos Tutanchamun eine Wurzel des Süßholzstrauches als Grabbeigabe entdeckte.

Lakritze lutschen – ein Vergnügen

Lakritze zu lutschen
ist ein Vergnügen,
ich konnte als Kind
nicht genug davon kriegen;
nur muss man sie
in Maßen genießen,
sonst könnte sie
die Gesundheit verdrießen.
Doch gerade das,
was man nicht täglich verzehrt,
behält ja bekanntlich
einen besonderen Wert.

20 **Linsen** – neu entdeckt

Für ein Linsengericht …

Wer kennt nicht die Geschichte aus der Bibel, derzufolge Jakob seinem hungrigen Bruder Esau das Erstgeburtsrecht für ein Linsengericht abgekauft hat? Aber so dramatisch muss es ja nicht immer gleich zugehen, wenn wir Appetit auf Linsen haben.

Was früher als Arme-Leute-Essen deklariert war, lässt sich heutzutage in vielfachen Variationen auf den Speisekarten nobler Restaurants entdecken. Mittlerweile kennt man ja auch nicht nur die großen braunen Linsen, sondern kocht auch mit roten und grünen Linsen.

Haben Sie zum Beispiel schon einmal ein Linsenschaumsüppchen mit Parmaschinken genossen, eine mit Curry gewürzte Rote-Linsen-Suppe, Fisch auf sauren Linsen oder auf einem Linsen-Feigen-Mousse?

Linsen rufen nicht zwangsläufig nach Fleisch oder Fisch. In der Badischen Küche gelten Linsen mit Spätzle als Spezialität. Das Schöne daran ist, dass diese Eiweißkombination Fleisch überflüssig macht. Ebenso verhält es sich mit der Zusammenstellung auch von anderen Hülsenfrüchten mit Eiern, Nüssen und Samen, Brot und Getreide, Milch- und Milchprodukten sowie Mais.

Wie wäre es also zum Beispiel mit einem Linsensalat mit Paprika und Schafskäse unter einer Zwiebel-Knoblauch-Vinaigrette?

Zudem: Ein Rind verbraucht ja über die Verdauung pflanzlicher Nahrung siebenmal so viele Kalorien, als wenn wir das verfütterte Getreide direkt, zum Beispiel in Form von Brot, essen würden. Durch einen eingeschränkten Fleischkonsum können wir also dazu beitragen, dass mehr Getreide zur Verfügung steht, durch das der Hunger in der Welt ein wenig gelindert werden kann.

21 **Lorbeer** auf mein Haupt

Wie die Liebe so spielt

Der Sonnengott Apoll hatte den Liebesgott Amor verspottet. Daraufhin schoss Amor einen seiner goldenen Pfeile auf Apoll ab, woraufhin dieser in heftiger Liebe zu der Nymphe Daphne entbrannte. Auch Daphne traf ein Pfeil Amors – aber einer aus Blei, der in ihr Ablehnung, ja sogar Hass gegenüber Apolls bedrängendem Werben hervorrief. Doch ihre Flucht vor Apolls Nachstellungen machte sie für ihn nur noch reizvoller. Völlig erschöpft bat sie ihren Vater Peneios, sie zu verwandeln. Augenblicklich begann sich ihre Gestalt zu verändern und sie wurde zu einem wunderschönen Lorbeerbaum. Von nun an liebte Apoll diesen Lorbeerbaum – und um die Geliebte stets bei sich zu haben, schmückte er sich mit einem Lorbeerkranz und erklärte den Baum zu seinem Heiligtum.

„Lorbeer gehört zu den seltenen Pflanzen,
die man nicht säen und doch ernten kann."
Peter Maiwald

Sich auf seinen Lorbeeren ausruhen

Mühsam hat man auf ein bestimmtes Ziel hingearbeitet und musste dabei auf zahlreiche Annehmlichkeiten des Alltags verzichten. Endlich ist es geschafft. Das ist ein Grund zur Freude und zum Feiern. Jetzt darf man sich erst einmal genussvoll für eine Weile auf seinen Lorbeeren ausruhen.

Ich schenke mir einen Lorbeerkranz

Heute ist mir etwas besonders Schönes
geglückt,
auf das ich von ganzem Herzen stolz bin.
Und da niemand da ist,
der mich mit Lob überschüttet,
binde ich mir eben selbst einen Lorbeerkranz.

Vom Kopf in den Topf

Der Lorbeer schmückt nicht nur den Kopf,
macht sich auch gut im Suppentopf;
mit Möhren, Lauch und Sellerie
gibt er Aroma an die Brüh.
Doch sollte man es nicht vergessen:
Die Blätter sind nicht mitzuessen!
Man muss sie aus der Suppe fischen,
bevor sie landet auf den Tischen,
denn alles auf dem Teller muss
alleine dienen dem Genuss.
Findet man trotzdem ein Blatt vor,
so stecke man sich's hinters Ohr
und ruhe sich nach diesem Schmaus
auch mal auf seinem Lorbeer aus.

22 **Marzipan**, du süßes Glück

Mandeln, Zucker, Rosenwasser

Wem läuft bei dem Gedanken an Marzipan nicht das Wasser im Munde zusammen! Während es heutzutage das ganze Jahr über Marzipan in mannigfachen Konfektformen zu kaufen gibt, wurde es im 17. und 18. Jahrhundert in fränkischen Städten wie Nürnberg in unterschiedlichen Modeln aus Holz, Ton oder Zinn speziell zur Weihnachtszeit gebacken. Diese Formen bildeten zunächst biblische Motive, später aber auch Bauern und Handwerker, Herzen oder Rauten ab. Patrizierfamilien ließen sich sogar ihre Wappen aus Marzipan gestalten. Woher die Bezeichnung *Marzipan* letztlich stammt, ist ungewiss. Sicher bezeugt ist seit dem 15. Jahrhundert nur, dass die Bezeichnung Marzipan für eine aus Mandeln, Zucker und Rosenwasser hergestellte Süßigkeit dem italienischen *marzapane* entlehnt wurde.

Möglicherweise ist der Begriff aber auch auf das arabische Wort *mautaban* („sitzender König") zurückzuführen, den Namen für eine Münze mit der Abbildung des auf dem Thron sitzenden Christus, die zur Zeit der Kreuzzüge (11.–13. Jh.) im Umlauf gewesen war. Die Venezianer bildeten eine solche Münze nach und nannten sie *mat(t)apan.* Mit dem gleichen Wort wurde eine Kiste mit einem Rauminhalt von 1/10 Scheffel benannt; in solchen Kisten wurde das *marzapane* in den Handel gebracht. In Deutschland wurde es dann bald, weil es aus Venedig stammte, volkstümlich als *Marci pane* bezeichnet, als Brot des heiligen Markus, des Schutzheiligen der Bäcker, der im venezianischen Markusdom begraben liegt. Einer anderen Herleitung zufolge bedeutet das italienische *marzapane* so viel wie „Märzbrot", das im März gebacken wurde und zu Ostern als Osterbrot auf den Tisch kam. Die Marzipanherstellung fand übrigens zunächst in Apotheken statt, da nur diese über das dafür notwendige Rosenwasser verfügten.

Von Mandelöl und Makronen

Dem Aroma von Marzipan war ich schon als kleines Kind verfallen. Nun konnte man sich in meiner Kindheit kein echtes Marzipan leisten. Aber es gab zu Hause manchmal „Marzipantorte“: für die Füllung zwischen den zahlreichen Tortenböden wurden weiße Bohnen gekocht, durch ein Sieb gegeben und mit Mandelöl aromatisiert.

Ich weiß noch, dass diese Köstlichkeit auf den Tisch kam, als ich die Masern hatte. Und den verklärten Erinnerungen nach ist es mir nach dem Verzehr eines Stückes davon gleich besser gegangen.

Wenn ich später mit meiner Mutter im Advent einen Einkaufsbummel unternahm, spendierte sie uns ein Tütchen mit Makronen, die zur Hälfte mit Schokoladenguss überzogen waren. Und wenn die hundert Gramm schnell, weitgehend von mir, verputzt waren, gab es manchmal noch ein zweites Tütchen voll.

Das waren Augenblicke vollendeten Glücks.

23 **Melonen** erfrischen

In guter Gesellschaft

Was haben wir mit den Päpsten der Renaissance, mit König Charles VIII., Henri IV., Katharina von Medici und dem Sonnenkönig Louis XIV. gemeinsam? Ich will es Ihnen verraten: *die genießerische Lust auf Melonen.*

Melonen, die die Chinesen schon tausend Jahre vor unserer Zeitrechnung kannten, sind auch für uns heute vorzügliche gesunde und zugleich kalorienarme Durstlöscher und eignen sich zur Herstellung zahlreicher erfrischender Getränke, von Salaten, Suppen und Sorbets. Darüber hinaus schmecken sie auch in Kombination mit kräftigen Speisen wie Schinken oder gepfeffert und mit Ingwer gewürzt, zum Beispiel zu Geflügelgerichten, geräucherten Forellen oder anderen Fischgerichten.

Guten Appetit!

Labsal für Leib und Seele

Wenn wir müde und abgespannt sind, sehnen wir uns nach einer Erfrischung für Leib und Seele. Vielleicht möchten wir ein Bad nehmen und uns danach auf dem Sofa ausstrecken, lesen oder Musik hören.

Vielleicht raffen wir uns bei sonnigem Wetter auch zu einem Spaziergang auf, um uns in der Bewegung wieder selbst zu spüren und die Gärten oder Wiesen und Wälder neu wahrzunehmen, ihren Duft in uns aufzusaugen, die Stille zu genießen und einzig und allein dem Gesang der Vögel zu lauschen.

Vielleicht führt uns unser Weg ja auch zu einem netten Lokal, in dem wir einen behaglichen Platz finden und uns schon allein von der Speisekarte zu einem leckeren Essen anregen lassen. Laden wir uns doch selbst zu dem ein, was uns das Wasser im Munde zusammenlaufen lässt, ob es nun eine Melonenspeise, ein Salat, ein gegrillter Fisch oder ein Pfeffersteak ist.

24 **Nougats** zarter Schmelz

Gebäck, Frühstücksaufstrich, Pralinen …

Wenn bei uns zu Hause Besuch zum Kaffee kam, pflegte meine Mutter stets große, runde Mürbeteigplätzchen zu backen, die mit im Wasserbad aufgelöstem Nougat gefüllt und mit Puderzucker bestäubt wurden. Eine Delikatesse, die es damals eben nur zu besonderen Anlässen gab.

Heutzutage steht Nutella wohl auf jedem Frühstückstisch, an dem Kinder sitzen. Nett war neulich bei einer Wanderung die Begebenheit, als ein Kind Haselnüsse fand und die Mutter sagte: „Da kannst du mal probieren, wie die außerhalb von Nutella schmecken."

Aber nicht nur Kinder lieben diesen Geschmack. Welche feinen, mit Nougat gefüllten Schokoladen und Pralinen gibt es heutzutage in den Konfiserien, die auch Erwachsenen den zarten Schmelz auf der Zunge zergehen lassen.

Sich selbst verwöhnen

Die mexikanische Malerin Frida Kahlo (1907–1954) hatte für Nougat eine große Schwäche:

„Frida liebte besonders Meringe, Nougat und Karamellbonbons, weil diese Leckereien sie an ihre Kindheit erinnerten, als sie nach der Schule mit ein paar kleinen Münzen in der Hand Hals über Kopf in den nächsten Süßwarenladen gerannt und mit einem hübschen Sortiment wieder herausgekommen war. Kein Wunder also, dass es an diesem Tag Nougat in Hülle und Fülle gab: Frida hatte ihn sich selbst zum Geburtstag geschenkt."
Aus: Guadalupe Rivera und Marie-Pierre Colle: Fridas Fiestas

Was für eine schöne Idee: sich selbst zu verwöhnen und sich etwas, das einen an frühere Jahre erinnert oder das einem besonders gut schmeckt, selbst zu schenken – und das vielleicht nicht nur zum Geburtstag.

25 **Nudel**-dicke-satt

Wie viele Nudeln braucht der Mensch?

Hand aufs Herz: Wie viele Nudelsorten kennen Sie? Spaghetti, Maccaroni, Penne, Farfalle, Tortellini, Fusili, Tagliatelle, Papperdelle, Lancette, Quardretti, Linguine, Tripolini, Fagottini, Bavette, Vermicelli und wie sie sonst alle heißen. Etliche Sorten gibt es, die mit Spinat grün, mit roter Bete oder Paprikapulver und Tomatenmark rot, mit Safran goldgelb oder mit Tintenfischtinte schwarz gefärbt werden. Möge man also wählen, vielleicht auch danach, ob man sie einfach mit Pesto und Parmesan oder mit einer Tomaten-, Steinpilz- oder Kräutersoße genießen möchte. Es ist die ungeheure Vielfalt, die uns, auch in zahlreichen anderen Angeboten bisweilen zu überfordern droht. Andererseits ist es ja auch eine Bereicherung des Lebens, stets aus einer großen Fülle wählen zu können.

„Ein grüner Vorhang trennte uns und unser Gepäck von den Hausgliedern, welche in dem großen Zimmer Nudeln fabricirten und zwar von der feinsten, weißesten und kleinsten Sorte, davon diejenigen am theuersten bezahlt werden, die, nachdem sie erst in die Gestalt von gliedslangen Stiften gebracht sind, noch von spitzen Mädchenfingern einmal in sich selbst gedreht, eine schneckenhafte Gestalt annehmen. Wir setzten uns zu den hübschen Kindern, ließen uns die Behandlung erklären und vernahmen, daß sie aus dem besten und schwersten Weizen, *Grano forte* genannt, fabricirt würden ... Und so hatten sie uns denn auch das trefflichste Nudelgericht bereitet, bedauerten jedoch, daß gerade von der allervollkommensten Sorte, die außer Girgent, ja außer ihrem Hause nicht gefertigt werden könnte, nicht einmal ein Gericht vorräthig sei. An Weiße und Zartheit scheinen diese ihres Gleichen nicht zu haben."

Johann Wolfgang Goethe, Italienische Reise, Girgenti, Dienstag den 24. April 1787

26 **Nüsse**: harte Schale, guter Kern

Harte Nüsse wollen geknackt werden

Es gibt Menschen, die von Natur aus eine starke persönliche Ausstrahlung, ein Charisma haben. Sie ziehen andere an wie das Licht die Motten. Man ist gern mit ihnen zusammen, weil sie beredt sind und amüsant, witzig und charmant. Solche Menschen haben es, was ihr Beziehungsumfeld betrifft, leicht im Leben.

Andere Menschen hingegen wirken nach außen verschlossen, vielleicht sogar schroff. Sie sind in sich gekehrt und neigen eher zur Einsilbigkeit als zur heiteren Unterhaltung. Von daher wenden wir uns oft schnell von ihnen ab, weil wir meinen, dass mit ihnen doch nichts anzufangen sei.

Woher aber kommt diese Reserviertheit, die von außen schnell als Ablehnung verstanden wird? Vielleicht sind solche Menschen einfach introvertiert; vielleicht haben sie aber auch schon so viele dunkle Erfahrungen mit anderen gemacht, dass sie um sich herum einen dichten Schutzwall errichtet haben, mit dem sie sich vor neuen Verletzungen bewahren wollen. Möglicherweise liegen in ihrer Tiefe auch Ängste und Minderwertigkeitsgefühle verborgen: „Wenn jemand in mein Innerstes blicken würde, müsste ich mich schämen." Ein zarter und sensibler Kern wird durch eine harte Schale geschützt.

Vielleicht lohnt es sich ja doch einmal, ganz vorsichtig und behutsam an die Schale zu klopfen, so oft, bis sie erste Risse bekommt und sich vielleicht sogar öffnen kann. Wir können dabei nach und nach sicher einer ganz besonders kostbaren Seele begegnen.

Lichterglanz in stiller Stunde

Wie in vielen Familien, so waren auch bei uns zu Hause Walnüsse aus der Advents- und Weihnachtszeit nicht wegzudenken. Aber die Schalen wurden nicht mit dem Nussknacker aufgebrochen, sondern von meinen Eltern vorsichtig mit dem Messer geöffnet. Nachdem die Kerzen am Adventskranz gelöscht und alle fetten und nahrhaften Kerne geknabbert waren, nahmen wir Kinder die Schalen und gingen mit unserer Großmutter in die Küche. Sie setzte in jede eine kleine weiße Kerze. In einer alten, mit Wasser gefüllten Emailleschüssel durften wir die Schiffchen dann in der dunklen Küche schwimmen lassen. Manchmal habe ich eines mit dem Finger angestupft, damit es sich wieder bewegte; es stieß andere an und brachte dadurch auch diese wieder in Gang. Diese stille Stunde, versunken in den Kerzenglanz, gehört mit zu den schönsten Erinnerungen an die Adventstage meiner Kindheit.

Symbolik der Nuss

Die *bittere Hülle* weist auf die *Passion*
von Jesus Christ, dem Gottessohn.
Die *hölzerne Schale* bedeutet den herben
Tod, den Jesus am *Kreuz* muss sterben.

Der *Kern* ist süß und ölhaltig zugleich:
Christus *stillt unser Verlangen* nach seinem
Reich,
sein göttliches Licht schenkt unserem Sein
auf ewig einen *himmlischen Schein*.

27 **Oliven** – Früchte mit Biss

Steinalte Gaumenfreuden

Die Olive ist im wahrsten Sinne des Wortes uralt. Archäologische Funde von versteinerten Olivenbaumblättern auf der Insel Santorin haben ergeben, dass dort schon vor neununddreißigtausend Jahren Olivenbäume wuchsen. Kulturgeschichtlich war sie immer ein Symbol für Heiligkeit, Reichtum, Weisheit und körperliches Wohlbefinden. Auch heutzutage gilt die Olive als gesund, in der modernen Küche ist vor allem das Olivenöl nicht mehr wegzudenken. Und da wir uns alle vernünftig ernähren und uralt werden wollen, wenngleich es ja nicht gleich neununddreißigtausend Jahre sein müssen, sollten wir auf diese Zutaten keinesfalls verzichten. Vielleicht fällt uns durch regelmäßigen Verzehr ja dann auch ein wenig Heiligkeit, Reichtum und Weisheit zu.

Der Geschmack nach Mittelmeer

Wenn ich an Oliven denke, dann breitet sich vor meinem inneren Auge eine sonnige Mittelmeerlandschaft aus, ich sehe die Küsten vor mir, das blaue Wasser, auf dem bunte Fischerkähne treiben. Vor mir tauchen die staubigen Olivenhaine auf, deren Bäume sich im Wind sanft bewegen, kleine Dörfer mit gackernden Hühnern auf den Straßen und kleinen Jungen, die Fußball spielen. Hier und da klingt ein Sirtaki aus der Musikbox einer Taverne, Teller werden nach draußen getragen, es duftet nach mit Schafskäse gefüllten Paprikaschoten, nach mit Olivenkruste überbackenem Lamm, nach Gemüsegratin und Knoblauch. Das Wasser läuft mir im Munde zusammen. Zum Glück habe ich noch ein Glas Oliven im Kühlschrank, eine Flasche Retsina, auch eine Scheibe Schafskäse und frisches Brot. Der kleine Mittelmeerurlaub auf dem heimischen Balkon kann beginnen.

28 **Orangen** sind saftig und süß

Wo die Orangen blühen

Worin besteht der Unterschied zwischen einer Orange und einer Apfelsine? Es gibt keinen. Im Norden Deutschlands kauft man Apfelsinen, in Süddeutschland wählt man dafür den vornehmeren französischen Ausdruck: Orangen. Woher die Bezeichnung Orange stammt, ist etymologisch nicht eindeutig geklärt. Die Apfelsine macht es uns da leichter. Wer sich mit der chinesischen Kultur beschäftigt, studiert *Sino*logie; die Apfel*sine* ist also ein Apfel, der aus China kommt. Sie ist eine Kreuzung aus Mandarine und Pampelmuse und hat in ihrer süßen Form Europa im 15. Jahrhundert erobert. Und wer von uns wollte heute auf ihren Genuss verzichten? Auf frisch gepressten Orangensaft, abgeriebene Schale an der Soße zur Ente, klein gehacktes Orangeat in Lebkuchen oder ein Gläschen Orangenlikör zum Kaffee?

Rauskommt, was drinsteckt

„Ein Schüler sollte im Auftrag seines Meisters Orangen auf dem Markt verkaufen. Doch er blieb erfolglos und kehrte voller Zorn zu seinem Meister zurück: „Diese dummen Menschen wollen meine Orangen nicht!“, schimpfte der Schüler. Da fragte ihn der Meister: „Wenn man eine Orange auspresst, was kommt dann heraus?“ – „Natürlich Orangensaft, Meister“, erwiderte der Schüler. „Und wenn man mit dem Hammer draufschlägt?“ – „Ebenfalls Orangensaft, Meister.“ – „Und wenn man mit dem Maulesel drauftritt?“ – „Orangensaft natürlich! Warum fragt ihr mich dauernd dasselbe, Meister?“, erzürnte sich der Schüler. „Nun“, sagte der Meister ruhig, „die Orange antwortet immer mit dem, was in ihr steckt. So ist es auch mit den Menschen: Setze sie unter Druck. Reagieren sie dann mit Hass, Zorn und Neid, ist es das, was in ihnen steckt.“

Verfasser unbekannt

Unter Druck

Vielleicht gibt es aber auch eine umgekehrte Version zu dieser Geschichte: dass Menschen, wenn sie unter psychischen oder physischen Druck geraten, endlich wagen, ihre über Monate oder Jahre verborgenen Wünsche und Sehnsüchte erst einmal in sich wahrzunehmen, um sich endlich einzugestehen, was sie bisher verträumt oder versäumt haben in ihrem Leben. Möglicherweise ist solcher Druck manchmal notwendig, um zu der Einsicht zu gelangen, dass man sich aus den bisherigen Zwängen lösen muss, um innerlich frei zu werden, damit die eigene Lebensgestaltung im wahrsten Sinne des Wortes wieder Saft und Kraft kriegt!

Orange – Farbe der Lebenslust

Farben haben eine tiefgreifende Wirkung auf unsere Psyche. Die Farbe *Orange,* hergeleitet von besagter Frucht, symbolisiert Lebenslust, Freude, Optimismus, Fröhlichkeit und Jugendlichkeit – zugleich aber auch Reife – und wirkt harmonisierend, erfrischend und stimmungsaufhellend. Sie ist also ein wahres Lebenselixier.

Auch in anderen Kulturen spielt sie eine bedeutende Rolle. Der Dalai Lama beispielsweise trägt orangefarbene Gewänder, weil Orange im Buddhismus als Farbe der höchsten Stufe menschlicher Erleuchtung verstanden wird.

Da lohnt es sich doch, im Hause nach allem zu suchen, was orangefarben ist: nach Kleidung, Decken, Kerzen, Servietten, Bildern – oder eben Orangen –, um bei deren stiller Betrachtung in sich selbst zu versinken. Vielleicht erwachen wir dann ja optimistisch und lebensfroh und auch ein wenig erleuchtet aus unserer Meditation?!

29 Sich die **Petersilie** nicht verhageln lassen

Petersilie – auf den Kopf oder in den Topf?

An einigen Geburtstagen in meiner Kindheit hat mir meine Mutter einen Blumenkranz gewunden, der auf meinem Kopf saß wie eine Art Heiligenschein. Alte Fotos lassen mich heute noch darüber schmunzeln.

Bei den Alten Griechen war es Sitte, bei Gastmählern derartige Kränze aus Petersilie zu tragen, denn sie galten als Symbol für Freude und Festlichkeit. Dementsprechend wurden erfolgreiche Sportler auch nicht mit Lorbeerkränzen, sondern mit solchen aus Petersilie geehrt. Ob man diesen Brauch nachahmen sollte, bleibt dem Petersilienvorrat im Garten überlassen. Vielleicht bewahrt man ihn sich aufgrund seiner weitgehend gesunden Inhaltsstoffe lieber zum Würzen zahlreicher Speisen auf.

Mach's der Petersilie nach

Wer schon einmal Petersilie in sein Kräuterbeet ausgesät hat, wird sich daran erinnern, dass er etwa drei Wochen warten muss, bis die Saat endlich aufkeimt. Das liegt einer Legende nach daran, dass das Peterlein vor dem Aufgehen nach Rom pilgern muss, um sich von Petrus die Genehmigung zur Keimung zu holen. Und für den Rückweg braucht es dann auch noch einmal sieben Wochen.

Vielleicht sollten wir uns an der Petersilie ein Beispiel nehmen und unser Tagewerk auch mit mehr Ruhe angehen und uns für die Erledigung unserer Aufgaben mehr Zeit und Muße lassen. Oft kommt dann letzten Endes mehr dabei heraus, als wenn wir uns in Hektik verlieren. Wir müssen ja nicht vor jedem Arbeitsschritt erst eine Wallfahrt nach Rom unternehmen.

30 **Pfannkuchen** – unwiderstehlich

Vom dicken fetten Pfannekuchen

Wer kennt nicht das Märchen vom dicken fetten Pfannekuchen, der aus der Pfanne sprang, um nicht gegessen zu werden, und kantapper, kantapper, in den Wald hineinlief, in dem er immer wieder Tieren begegnete, die ihn verschmausen wollten, und der am Ende seinem Schicksal, verspeist zu werden, nicht entgeht.

Hand aufs Herz: was würden wir unternehmen, wenn wir vor Hunger schmachteten und vor unserem Haus ein goldgelber, frisch gebackener Pfannkuchen herumsprängе?

Aß man früher den Pfannkuchen nur mit Puderzucker bestreut oder mit Apfelmus, so gibt es heute eine Vielzahl an Pancake-Rezepten mit allerlei Gemüsen, Garnelen, Fisch oder Fleisch, mit Soßen oder Früchten.

Crêpe Suzette – meine Liebe

Eine Alternative zum dicken fetten Pfannekuchen bieten die hauchdünnen französischen Crêpes, die mit den unterschiedlichsten Füllungen angeboten werden. Eine besonders leckere Variante bildet die *Crêpe Suzette*. Wie aber ist sie entstanden, und was hat es mit diesem deliziösen Namen auf sich? Einer Anekdote nach sollte ein Kochlehrling in Monte Carlo für eine Gesellschaft des Prinzen von Wales im Jahr 1896 anlässlich einer Silvesterfeier am Tisch Pfannkuchen zubereiten. Doch während der junge Mann die Soße vorbereitete, fing ein Likör unvermittelt Feuer. Der Lehrling ließ sich nichts anmerken, kostete kurz, tauchte die Pfannkuchen in die entflammte Tunke, gab noch weiteren Zucker und Likör hinzu und erklärte dem Prinzen, dies sei ein extra für ihn kreiertes Rezept. Der so Geschmeichelte benannte die köstliche Nachspeise nach seiner Begleiterin und Geliebten: Suzette.

Mögen wir also nicht nur den Namen dieser Köstlichkeit, sondern auch die mit Orangenlikör und Cognac flambierte Crêpe goutieren und dabei den Romanzen unserer Jugend nachträumen und ein wenig in sentimentalen Erinnerungen schwelgen. Vielleicht gibt es ja einen Menschen, den wir einmal sehr gern hatten – und der einer unserer damaligen Lieblingsspeisen insgeheim unseren Namen gegeben hat.

31 **Pizza** italiana

Heute bleibt die Küche kalt

Der Pizzaservice ist eine wunderbare Einrichtung. Wenn einem einmal nicht nach Kochen zumute ist, weil man sich zum Beispiel nicht wohlfühlt oder mitten im Umzug steckt, muss man nicht Gefahr laufen zu verhungern.

Bei uns zu Hause ist es Tradition geworden, Anfang Mai Pizza zu bestellen. Dann haben wir in einer Gärtnerei Unmengen von Fleißigen Lieschen, Begonien, Petunien und anderen Sommerblühern gekauft, die ich am liebsten gleich einpflanze. Da dies ein zeitlich aufwendiges Vergnügen ist, komme ich an diesem Tag nicht auch noch zum Kochen. Wenn sich der Hunger einstellt, bestellen wir uns telefonisch zwei Pizzen. Mein Mann holt bis zum Eintreffen des Boten Teller und Besteck aus der Küche – und dann können wir uns schmausend an den ersten bepflanzen Beeten und Töpfen erfreuen.

Pizza in Stücken

Der frühere amerikanische Baseball-Star Yogi Berra (geboren 1925) bestellte sich per Telefon eine Pizza. Der Bäcker fragte ihn, in wie viele Teile sie geschnitten werden sollte, in vier oder in acht. Berra überlegte einen Augenblick und antwortete dann: „Besser in vier, ich glaube, acht schaffe ich nicht.“

Tipp:
Wenn Sie Italien-Fan sind, dann sollten Sie sich eine Pizza Margherita backen. Sie wurde nach der Königin Margherita (1851–1926) benannt, die Pizza über alles liebte. Ein junger Pizzabäcker, Verehrer der Königin, gestaltete den Pizzabelag aus den Nationalfarben Italiens: Tomatenscheiben stehen für Rot, Mozarella-Scheiben für Weiß und Basilikumblätter für Grün. Reichlich Olivenöl darauf – und ab damit in den Ofen!

32 Wo der **Pfeffer** wächst

Pfeffer am Essen

Während heutzutage Speisen mit zahlreichen Gewürzen aromatisiert werden, war es noch Mitte des 20. Jahrhunderts üblich, nur Pfeffer und Salz in der Küche zu verwenden. Aber auch das war zu noch früheren Zeiten keine Selbstverständlichkeit. Im Hochmittelalter musste der Pfeffer aus Indien auf dem Landweg nach Europa transportiert werden und war dementsprechend so teuer, dass ihn sich die einfachen Leute nicht leisten konnten. Seine Bedeutung lag vor allem darin, dass er Lebensmittel über einen längeren Zeitraum konservieren kann. Während früher weitgehend nur Fleisch- und Gemüsegerichte, Suppen und Salatsoßen mit Pfeffer gewürzt wurden, ist es mittlerweile auch üblich, einen Eisbecher mit Erdbeeren oder Feigen mit etwas grünem Pfeffer zu garnieren. Ein exotisches Erlebnis!

Neuen Pep ins Leben bringen

Wer durch ein pfeffriges Essen so richtig in Schwung gekommen ist, fühlt sich vielleicht auch dazu angeregt, etwas mehr *pep* in sein Leben zu bringen.

Wie wäre es einmal mit einem kleinen Abenteuer? Den gleichförmigen Alltag verlassen und zu einem Wochenendtrip oder einer kurzen Reise aufbrechen, vielleicht über ein Last-minute-ticket, bei dem man erst am Flughafen die noch offenen Möglichkeiten und damit das eventuelle Reiseziel erfährt? Oder seine Wohnung völlig umgestalten und ungewohnte Farbakzente setzen? Oder sich in fortgeschrittenem Alter noch seinen Jugendtraum erfüllen, zum Beispiel ein Studium beginnen, promovieren, eine Harley oder einen Porsche fahren?

Der Fantasie sind hier keine Grenzen gesetzt.

33 Zu Gast im Elsass: **Quiche**

Essen wie Gott in Frankreich

Woll'n wir wie Gott in Frankreich speisen,
dann lasst uns in das Elsass reisen.
Was kommt natürlich auf den Tisch?
Die Spezialität dort: eine Quiche.
Mit Eischaum, Schmand und Speck bedeckt
man sich die Finger nach ihr leckt;
dies ist, das gilt es zu versteh'n
das Original: 'ne Quiche lorraine.
Doch kann man sie in heutigen Zeiten
auch vegetarisch zubereiten:
mal mit Spinat, mal nur mit Lauch –
so schmeckt sie uns natürlich auch.
Dazu selbstredend ein Glas Wein,
was könnt's im Elsass sonst auch sein.
'Nen Riesling ich dazu empfehle,
der stärkt den Körper und die Seele.
So ließ sich's leben,ohne Frage,
bis an das Ende unsrer Tage.

Savoir vivre

Gut zu essen und zu trinken, in der Sonne zu sitzen und einfach in den Tag hineinzuleben, ohne auf die Uhr zu sehen, ist eine besondere Form von Glück. Die Franzosen nennen es savoir *vivre!* Wir Deutschen tun uns oft schwer mit dieser Art der Lebenskunst. Dicke Terminkalender halten uns in Atem, irgendetwas gibt es immer zu tun und zu erledigen. Die Redewendung „Was du heute kannst besorgen, das verschiebe nicht auf morgen“ scheint uns in Fleisch und Blut übergegangen zu sein. Dabei tut es Leib und Seele gut, sich einen Tag in der Woche, vielleicht wirklich den Sonntag, der ja ursprünglich als Ruhetag gedacht ist, von Aufgaben und Pflichten freizuhalten, um sich von dem Druck der Woche zu entlasten. Regelmäßig eingeübt, werden wir spüren, mit welchem Tatendrang wir nach solch einer Pause in die neue Woche gehen können. Denn wie heißt es so schön: Wer nicht richtig faulenzen kann, kann auch nicht richtig arbeiten.

34 **Reis** im Topf

Heute schon Reis gehabt?

In Thailand begrüßen die Menschen einander nicht mit der bei uns üblichen Redewendung „Na, wie geht's?", sondern mit der Frage: „Heute schon Reis gehabt?" Dahinter steckt die Frage: „Hast du heute schon etwas essen können",demnach also: „Geht es dir gut?"

Die Bedeutung des Grundnahrungsmittels wird auch in einer kleinen Legende deutlich: „Zu Beginn aller Zeiten hat der Himmel die Erde geliebt. Als er sich über sie neigte, um sie zu küssen, fielen aus seiner Tasche einige Getreidekörner herab und keimten auf der Erde zu Reispflanzen auf."

Reis ist für die Menschheit also im wahrsten Sinne des Wortes als Geschenk vom Himmel gefallen.

Der Reis reicher Leute

Vor langer Zeit lebte in China eine sehr reiche Familie. Sie gab viele Feste, bei denen nur so geschlemmt wurde. Da es an Lebensmitteln nicht mangelte, gingen die Diener großzügig damit um. Es spielte keine Rolle, ob sie hier und da ein paar Reiskörner verstreuten.

Doch die Zeiten änderten sich. Eine große Trockenheit ließ den Reis auf den Feldern verdorren. Die Eltern starben am Hunger und die Kinder verließen ihre Heimat.

Nur das jüngste blieb daheim. Von Hunger gequält suchte es einen in der Nähe lebenden Mönch auf und bat ihn um eine Mahlzeit. Der Mönch holte einen großen Sack Reis und gab ihn dem Kind. Als das Kind sich bedankte, erwiderte der Mönch: „Du brauchst dich nicht zu bedanken, denn dieser Reis gehört eurer Familie. Als ihr in Saus und Braus gelebt habt, ließen eure Diener viele Reiskörner achtlos auf die Erde fallen. Ich aber habe sie einzeln aufgehoben und gebe sie dir jetzt zurück."

Reistage vom Feinsten

Nicht nur in Asien, auch bei uns in Europa wird Reis gern gegessen. Als Dessert mit Zucker und Zimt, mit Schlagsahne und Früchten gemischt oder als Sättigungsbeilage, vielleicht mit Gemüse oder gerösteten Pinienkernen angereichert.

Ein besonderes Reisgericht hat sich in der *Haute cuisine* mittlerweile etabliert, und zwar der Risotto, ein mit Brühe oder Wein und Butter cremig gerührter, gewürzter Reis, den man mit Kürbis, Safran, Steinpilzen, Spargel oder andere Gemüsesorten anreichern kann. Auch die berühmte spanische Paella wird mit Reis zubereitet.

Reistage müssen heutzutage also keineswegs fade schmecken oder langweilig sein; sie sind allerdings auch nicht so kalorienarm wie zu früheren Zeiten, als sie als Diät bekannt waren.

35 **Rosmarin** – Kraft aus dem Garten

Rosmarin macht schlau

Aus der südländischen Küche ist Rosmarin nicht wegzudenken. Aber auch in unseren Breiten erfreut er sich wachsender Beliebtheit. Kartoffeln mit Olivenöl und gehacktem Rosmarin zum Beispiel, im Ofen gebacken, sind auch ohne Beilagen eine Köstlichkeit.

Man sagt dem Rosmarin nach, dass sein Verzehr die Durchblutung fördert und dadurch die Gedächtnisleistung gestärkt wird. Diese anregende Wirkung benannte Leonhard Fuchs in seinem „New Kreutterbuch“ aus dem Jahr 1543:

Rosmarin stärkt das Hirn und allerley Sinne.
Es ist gut zu zitternden und lahmen Gliedern.

Na dann!

Geweihtes Kraut der Freundschaft

„Den Rosmarin lasse ich über meine Gartenmauern wachsen, nicht nur, weil die Bienen ihn lieben, sondern auch, weil er das der Erinnerung und Freundschaft geweihte Kraut ist. Schon ein Zweiglein von ihm spricht eine stumme Sprache."
Thomas Morus

Freundschaft wiederbeleben

Ich denke gern und oft an dich
und an die Zeiten,
in denen wir einander
in tiefer Freundschaft
verbunden gewesen sind.
Heute lege ich dir einen Rosmarinzweig
in das Briefkuvert –
in der Hoffnung,
dass wir einander
noch einmal nahe sein können
wie vor urlanger Zeit.

36 **Rote Grütze** mit Milch

Kindheitserinnerungen

„An einem warmen und wolkenlosen Juli-Nachmittag machte die Familie einen Spaziergang … Sie zogen weit vors Burgtor hinaus, um bei einem ländlichen Wirte im Freien an Holztischen Erdbeeren, Sattenmilch oder Rote Grütze zu essen …“

Wenn ich diesen Satz aus den Buddenbrooks von Thomas Mann lese, erinnere ich mich mit Wohlbehagen an die zahllosen Schüsseln mit Roter Grütze, die mein Bruder und ich als Kinder zu Hause verzehrt haben. Unser Schrebergarten gab Himbeeren und Johannisbeeren in Hülle und Fülle ab. Und die Früchte, die nicht zu Gelee oder Marmelade verarbeitet wurden, türmten sich als Rote Grütze auf unseren Tellern, mit Milch oder, in der edleren Form, mit Vanillesoße, als Nachtisch oder als Abendessen. Einfach wunderbar!

Koch dir deine Lieblingsspeisen

Bei manchen Gerichten werden Kindheitserinnerungen in uns wach, sowohl bei denen, die wir gar nicht mochten, vor allem aber bei unseren Leibspeisen. Da wäre es doch eine gute Idee, sich dieser Lieblingsgerichte nicht nur zu erinnern, sondern sie sich in den kommenden Tagen herzustellen. Vielleicht entsinnen wir uns dadurch auch wieder kleiner Episoden vergangener Zeiten, die dem Bewusstsein entrückt zu sein schienen, und wir dürfen noch einmal freudig eintauchen in den frühen Teil unserer Lebensgeschichte.

37 Aber bitte mit **Sahne**

Sahnestückchen, Sahneschnittchen …

Als ich einem Bekannten erzählte, ich hätte im Radio gehört, man müsse sechs Stunden wandern, um die Kalorien von einem Löffel Sahne auszugleichen, antwortete er: „Was für eine lustfeindliche Aussage." Recht hat er, denn was geht schon über ein Stück Schwarzwälder Kirschtorte, ein Stück frischen Zwetschgenkuchen oder einen Eisbecher mit Schlagsahne. Viele gute Suppen und Soßen erhalten ihr besonderes Aroma auch erst durch Zugabe von etwas Sahne, weil Fette eben Geschmacksträger sind. Also schlemmen wir bisweilen und genießen das große Glück, dass wir in unserem Land eine reiche Auswahl an diesen leckeren Speisen haben und dass wir sie uns gelegentlich auch leisten können.

Ich ess so gerne Sahne

Ich ess so gerne Sahne,
sie ist ein Hochgenuss –
erfreut mir Herz und Sinne
vertreibt gar den Verdruss.

Ein Löffelchen zur Torte,
das kann nicht schädlich sein,
und auf dem Cappuccino
da schmeckt sie gar so fein.

Ein wenig an die Suppe,
vielleicht mal etwas mehr,
da kommen die Aromen
doch schon ganz anders her.

Von Soßen ganz zu schweigen,
sie sind schön sämig dann,
gibt man ein Viertel Sahne
beim Kochen an sie dran.

Auch frische Erdbeern stehen
gern unter weißen Hauben,
so dann und wann im Sommer
kann ich mir das erlauben.

Und wer will Eis verspeisen
ganz ohne Sahneschaum?
Ein richtig großer Becher
ist für mich grad' ein Traum.

Ich ess so gerne Sahne
und lass mir's nicht verdrießen,
ich weiß zumindest, was es heißt,
das Leben zu genießen.

38 Brot und **Salz** – Gott erhalt's!

Vor Bösem beschützt

Wir kennen den Brauch, Freunden beim Bezug eines neuen Heims Brot und Salz mitzubringen, damit es gesegnet und vor Bösem geschützt sein möge. Salz galt aufgrund seiner kristallklaren weißen Farbe als Symbol für Reinheit. Da Salz in früheren Jahrhunderten sehr teuer war, wurde es zugleich als Sinnbild für Reichtum und Wohlergehen verstanden.

Haussegen

Ich wünsche euch, dass dieses Brot
euch stets bewahre vor jeglicher Not.
Möge es euch dauerhaft wohlergehen:
dafür soll das Salz hier stehen.
So sollt ihr gesegnet sein im neuen Heim
und jeder, der darin geht aus und ein.

Warum das Meer salzig ist

Vor langer Zeit lebten zwei Brüder an der Küste eines Meeres. Von ihrem Vater hatten sie ein Fischerboot geerbt und eine kleine Handmühle. Es war eine Wunschmühle; sie konnte alles mahlen, worum man sie bat, egal ob Gold oder einfaches Mehl. Man sagte nur: „Mühle, Mühle, mahle mir …“ Die Mühle gehörte dem älteren Bruder. Der machte sich nichts aus Reichtümern, es fehlte ihnen ja an nichts. Der Jüngere fing täglich Fische, und die Mühle schenkte ihnen Wolle für die Kleider, Mehl für das Brot und Grütze für den Brei. Doch der Junge war nicht zufrieden. Und so stahl er die Mühle, fuhr mit dem Boot aufs Meer, um sich alles zu wünschen, was reiche Leute haben. Zuerst dachte er an Gold. Aber was sollte er sagen, wenn man ihn nach seinem plötzlichen Reichtum fragte? „Salz“, so dachte er, „das ist unverdächtig.“ Man muss wissen, dass Salz damals fast so kostbar war wie Gold. Also ließ er die Mühle Salz mahlen,

immer mehr und immer mehr. Doch, o Schreck, er hatte den Spruch vergessen, um die Mühle anzuhalten. Das Boot drohte unterzugehen. In seiner Not nahm er eine Axt und zerschlug die Mühle in tausend Stücke. Aber jedes Stückchen wurde zu einer neuen Mühle, und alle mahlten unablässig Salz. Schließlich konnte das Boot die Last nicht länger tragen, und es versank. Ob der Fischersohn sich retten konnte, wissen wir nicht. Seit der Zeit liegen auf dem Grund des Meeres viele kleine Mühlen, die bis heute unentwegt Salz mahlen. Jetzt weißt du, warum das Meer salzig ist.
Verfasser unbekannt

Zufrieden sein können
mit dem, was man hat,
ist eine hohe Lebenskunst.

„Ihr seid das Salz der Erde. Wenn aber das Salz fade geworden ist, womit soll man es salzen?"
Aus dem Matthäusevangelium

39 **Schokolade** macht glücklich

Götterspeise

Wussten Sie schon, dass der Kakaobaum wissenschaftlich *Theobroma cacao* heißt und dass Theobroma auf Deutsch „Speise der Götter" bedeutet? Für die Bewohner Mittelamerikas hatten die Bohnen des *cacauatl* so hohen Wert, dass sie als Zahlungsmittel dienten. Es gibt heute viele Schokoladen, denen Gewürze wie Chili oder Pfeffer beigemischt sind. Diese und ähnliche Rezepturen mit Gewürzen waren schon bei den Maya und den Azteken üblich.

Wir sollten uns also den Genuss von Schokolade, wenn uns danach zumute ist, mit gutem Gewissen gönnen, denn wer wollte den Verzehr dieser verlockenden, im Gaumen lustvoll dahinschmelzenden braunen Stückchen schon als „kleine Sünde" bezeichnen, wenn wir damit doch an einer im wahrsten Sinne des Wortes *göttlichen Speise* teilhaben dürfen?

Von Mexiko bis in unseren Mund

Die Schokolade hatte es gar nicht so leicht, den Weg zu uns zu finden. Die Frage ist: Wer hat den Kakao von Mexiko nach Spanien gebracht? Hatten die Spanier, als sie 1519 bis 1521 Mexiko eroberten, schon Geschmack am Wert der Kakaobohne gefunden oder waren es Mönche sowie adlige Maya, die als erste ein Gefäß mit geschlagener Schokolade als Geschenk an den Königshof von Prinz Philipp brachten? Sicher ist, dass sie in der ersten Hälfte des 17. Jahrhunderts am spanischen Hof und in Adelskreisen als besonders beliebtes Getränk serviert wurde. Kurz darauf erreichte sie Italien, wo, mit neuen Aromen wie Jasmin und Amber, aber auch mit Zitronenschalen angereichert, ihr Geschmack verfeinert wurde. Ihre nächste Station war Frankreich. Am Versailler Hof wurde sie unter Ludwig XIV. als Trinkschokolade hoffähig und avancierte dort zum Modegetränk der adligen Damenwelt. Von dort aus eroberte sie rasant ganz Europa.

Schokolade und Kirche – Die Fastenfrage

Es hätte nicht viel gefehlt, und die katholischen Christen müssten zeitweise auf den Genuss von Schokolade verzichten. Denn im 16. Jahrhundert kam unter dem asketischen Papst Pius V. die Diskussion auf, ob man Trinkschokolade in der Fastenzeit zu sich nehmen dürfe oder nicht. Die Frage, die dahinter stand, lautete: ist Trinkschokolade nur ein – erlaubtes – Getränk oder zugleich eine – verbotene, weil nahrhafte – Speise?

Die mexikanischen Bischöfe hatten zur Klärung des Problems extra einen Sendboten nach Rom geschickt, der dem Papst einen Becher *xocatl* (Schokoladenwasser) anbot. Pius V. verzog beim Kosten des ungesüßten Getränks widerwillig das Gesicht und befand, es sei in der Fastenzeit erlaubt. Im Gegensatz zu den puritanischen Dominikanern waren es vor allem die Jesuiten, die über diese Entscheidung jubelten, denn sie betrieben selbst einen schwunghaften Handel mit Schokolade.

Schokolade, Schokolade

Schokolade, Schokolade,
was bist du für ein Genuss,
tust mir gut für Leib und Seele,
wärmst mich durch von Kopf bis Fuß.
Ist die Tafel dann schnell alle,
reut mich fast des Lasters Gier;
trotzdem fühle ich mich glücklich –
und das zählt im Jetzt und Hier!

Freiheit genießen

Ich will mein Leben nicht mehr nur
nach vernünftigen Maßstäben gestalten
und mir die kleinen Genüsse des Alltags
streng untersagen.
Ab heute will ich mir mehr Freiheiten
herausnehmen und mir des Öfteren
kleine Freuden erlauben –
denn was meinem Körper guttut,
wird der Seele nicht schaden.

40 **Spargel** – der König unter den Gemüsen

Sommergrüße mit Biss

Zugleich mit dem Vergnügen am Frühling beginnt sich die Vorfreude auf den Spargel zu regen, der von Ende April, Anfang Mai bis zum 24. Juni bei uns Saison hat. Man kann ihn in den zahlreichsten Varianten zubereiten, in Suppen, Salaten, Vorspeisen, Aufläufen und als Hauptgericht mit den unterschiedlichsten Beilagen und Soßen. Das Schöne dabei ist, dass er nicht nur besonders gut schmeckt, sondern sehr viele gesunde Inhaltsstoffe hat und – verzichtet man auf Butter und *Sauce Hollandaise* – auch ein hervorragender Schlankmacher ist. Und wer freut sich angesichts der bevorstehenden Badesaison, in der man die überflüssigen Pfündlein nicht mehr unter weiten Pullovern kaschieren kann, nicht darüber, etwas für die „schlanke Linie" zu tun – und das auch noch genussvoll?!

Jetzt alles in Öl

Vom besonderen Wert des Spargels erzählt der französische Romancier Alexandre Dumas in folgender kleinen Anekdote: Fontenelle aß Spargel für sein Leben gern, vor allem, wenn er mit Öl zubereitet war. Der Abbé Terrasson, der ihn sehr viel lieber in einer Buttersoße genoss, besuchte ihn eines Tages zum Essen. Fontenelle räumte ein, dass es für ihn schon ein großes Opfer bedeute, ihm die Hälfte des kostbaren Spargels zu überlassen und forderte seine Köche auf, den Teil für den Gast in einer Buttersoße zu servieren. Kurz bevor das Essen aufgetragen werden sollte, wurde dem Abbé übel, und er erlitt einen Schlaganfall. Fontenelle sprang auf, rannte in die Küche und rief laut: „Alles in Öl, jetzt alles in Öl."

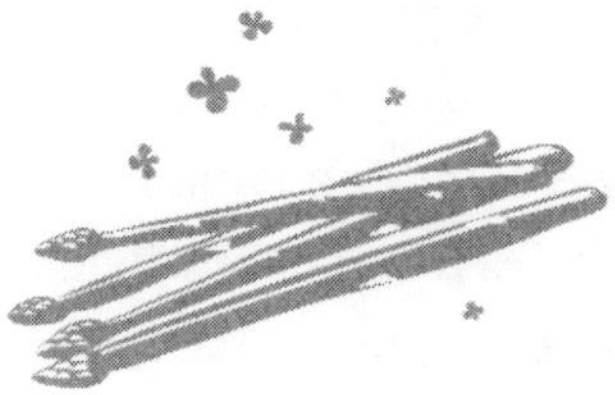

41 Von **Suppen**, die man gern auslöffelt

Ja, meine Suppe esse ich

Wir kennen die Geschichte vom Suppenkasper aus dem Struwwelpeter, der seine Suppe partout nicht essen wollte: „Ich esse meine Suppe nicht, nein, meine Suppe ess' ich nicht!"

Das ist etwas, was ich ganz und gar nicht verstehen kann. Was gibt es Schöneres, wenn man bei kaltem und ungemütlichem Wetter nach Hause kommt, als eine Schale mit heißer Gemüse- oder Fleischbrühe, die einen wieder durch und durch aufwärmt.

Suppen können zudem auch eine heilsame Wirkung haben. Es ist erwiesen, dass eine Hühnersuppe mit gekochtem Gemüse gegen Erkältungssymptome helfen kann.

Und wer würde an Winterabenden einen kräftigen Erbsen- oder Kartoffeleintopf mit Speck und Würstchen verachten?

Schwarze Suppe

Der Legende nach aßen die Spartaner zu jedweder Gelegenheit die „schwarze Suppe"; dafür wurde Schweinefleisch in Blut gekocht und alles am Ende mit Salz und Essig abgeschmeckt. Ein Athener, der Sparta besuchte, bemerkte dazu: „Kein Wunder, dass den Spartanern nachgesagt wird, die Tapfersten zu sein; wer solche Suppe isst, der muss ja tapfer sein."

Suppen, die uns schmecken

Aber da wir ja nicht unbedingt tapfer sein müssen, schon gar nicht beim Essen, sollten wir uns unsere Suppen nach unserem Geschmack zubereiten – und das global! Wie wäre es zum Beispiel mit einer italienischen Minestrone, einer französischen Bouillabaisse, einer griechischen Avgolemono oder einem russischen Borschtsch? Da kommt der Appetit doch schon beim Lesen!

42 Abwarten und **Tee** trinken

Ich mache uns einen Tee

„Ich mache uns erst mal einen Tee." Mit diesen Worten hat uns sicher schon einmal ein Mensch beruhigt, den wir mit Sorgen aufgesucht haben, die wir allein nicht bewältigen können. Die Teezeremonie dauert eine Weile. Das Wasser muss erst zum Kochen gebracht, die Teesorte ausgewählt, Kandis, Milch oder Zitronensaft bereitgestellt werden. Ist der Tee aufgebrüht, dauert es noch eine Weile, bis er gezogen hat und in den Tassen so weit abgekühlt ist, bis wir ihn trinken können. Das Aroma und die Wärme, mit der er uns dann Schluck für Schluck durchströmt, schenken uns das Gefühl von Geborgenheit und laden dadurch zu einem offenen Gespräch ein. Wir spüren in der behaglichen Atmosphäre, dass es uns während des Erzählens nach und nach leichter ums Herz wird und wir innerlich zur Ruhe kommen.

Zur Ruhe kommen

Ich wünsche dir,
dass du um einen Ort weißt,
an dem du zur Ruhe kommst,
wenn dich Kummer und Sorgen
zu erdrücken drohen –
und dass es einen Menschen gibt,
dem du dich bedingungslos
anvertrauen kannst,
bis dich der Trost
in seine Arme schließt.

Wer hat die Tee-Zubereitung entdeckt?

Im Jahr 2727 v. Chr. reiste der chinesische Kaiser Shen Nung – der Legende nach – durch sein Land. Unterwegs verlangte er von seinen Dienern, ihm das Trinkwasser abzukochen, wie er es aus hygienischen Gründen auch von zu Hause gewohnt war. Die Diener taten, wie ihnen befohlen und sammelten einige Kamelienzweige, um eine Feuerstelle zu errichten. Einige dieser Zweige ragten aus dem Feuer hervor – und ein Windstoß wehte ein paar ihrer Blätter in den Topf. Da stieg ein wunderbarer Duft empor, der den Kaiser entzückte. Gespannt kostete er von dem Wasser und war über den Geschmack und die belebende Wirkung des Getränks hell begeistert. Und er war sicher, etwas ganz Bedeutsames entdeckt zu haben. Von ihm soll auch der Ausspruch stammen:

Tee weckt den guten Geist und weise Gedanken. Er erfrischt das Gemüt. Bist du niedergeschlagen, so wird Tee dich ermuntern.

Bei einer Tasse Tee abheben

Die erste Tasse netzt Lippen und Kehle.
Die zweite stärkt das dürre gewordene Fleisch.
Die dritte verscheucht die traurige Einsamkeit.
Die vierte Tasse durchdringt dein ganzes Innere.
Bei der fünften bist du geläutert.
Die sechste ruft dich in die Regionen der
Unsterblichkeit.
Die siebente Tasse, die du zum Munde führst,
lässt frische Lüfte dein Haupt umsäuseln
und deinen Geist zum kühnen Fluge sich
erheben.

Lo Tung
chinesischer Dichter in der Tang Dynastie

43 **Tiramisu** – ti amo

Italienische Träume

An manchen Tagen ist der Himmel grau und verhangen. Durch Nebel und Regen will kein Lichtstrahl dringen. Unser Gemüt lässt sich von solchem Wetter leicht anstecken. Lustlos und mit einem depressiven Schatten auf der Seele möchten wir am liebsten gar nicht aufstehen, sondern uns die Decke noch einmal über die Ohren ziehen. Aber vielleicht können wir uns die Sonne – wenngleich nicht ins Haus – so doch ins Herz holen, wenn wir uns in unserer Fantasie einen sonnigen Urlaubstag ausmalen, mit einem hellen Sandstrand, schäumenden Wellen und weißen Wolken vor einem stahlblauen Himmel. Wie wäre es zum Beispiel mit Italien? Stellen wir uns vor, wir hätten im Meer gebadet und uns von der Sonne trocknen lassen. Eine leichte Brise umweht uns und wir lenken unsere Schritte hinauf in das alte Dorf. In einer Taverne setzen wir uns auf einen der romantischen schmiedeeisernen Stühle und blättern in der Karte. Gedankenverloren bestellen wir einen Espresso, bis unser Blick wie gebannt an einer spezifischen italienischen Köstlichkeit hängen bleibt: *Tiramisu.* Bei dem Gedanken daran läuft uns schon das Wasser im Munde zusammen.

Plötzlich klingelt es, und anstatt uns auf dieses köstliche Dessert stürzen zu können, erwachen wir aus unseren Träumen. Aber wie heißt es so schön: „Träume nicht dein Leben, sondern lebe deine Träume." Wie wäre es, wenn wir uns die nötigen Zutaten besorgen und zum Abendessen ein Tiramisu aus Löffelbiskuit, Mascarpone, Eigelb, Eischnee, Mocca, Amaretto und Kakaopulver herstellen? Vielleicht laden wir uns zum Verzehr ja auch noch ein paar nette Leute ein. Und in geselliger Runde können wir dann über vergangene Urlaubsfreuden plaudern und unsere Träume vom frühen Morgen in nunmehr vergnügter Laune weiterspinnen.

Alles nur wegen des Grafen

Das Tiramisu soll im 17. Jahrhundert in Siena kreiert worden sein. Für einige Tage weilte der toskanische Graf Cosimo III. von Medici in der Gegend, dem nachgesagt wurde, ein besonderer Feinschmecker zu sein. Deshalb bemühten sich die Konditoren der Stadt mit größtem Eifer, ihm eine ganz besondere Leckerei vorzusetzen. Dem Mascarpone aus reiner Büffelmilch fügten sie die teuersten Delikatessen zu: Schokolade und etwas Kaffee. Ihre Anstrengungen wurden mit großem Lob des Grafen belohnt, der diese köstliche Speise schnell unter den hohen Herren des Landes und den Kurtisanen verbreitete. Sie galt als beste Stärkung und als kräftiges Aphrodisiakum.

44 **Trüffel** – tief verborgenes Glück

Geschichte(n) vom edelsten Pilz der Welt

Kochwettbewerbe, wie wir sie heutzutage aus dem Fernsehen kennen, sind keineswegs eine Erfindung der Neuzeit. So gewann im zweiten Jahrhundert v. Chr. ein Gericht mit Trüffeln bei einem gastronomischen Wettstreit in Athen den ersten Preis. Dabei ging es um eine Art Pastete aus gehackter und gewürzter Fasanenbrust, die von einer Schicht fein gehobelter Trüffel bedeckt war. Der römische Feinschmecker Apicius soll im ersten Jahrhundert n. Chr. für wohlhabende Patrizier in einem seiner Kochbücher folgendes Rezept zitiert haben: „Man reibe die Trüffeln, salze sie, stecke sie auf einen Spieß und brate sie; separat gebe man Öl, würzige Brühe, gemischten gehackten Fisch, Kräuter, Essig, Most, Wein, Honig und Pfeffer in einen Topf; wenn alles kocht, dicke man es mit Stärke ein und gebe es auf die Trüffeln." Man vermutet allerdings, dass die Menschheit dem Geschmack an Trüffeln schon viel früher erlegen ist. Die Babylonier sollen bereits 3000 v. Chr. eine Trüffelart gekannt haben. Der berühmte Pharao Cheops (um 2530 v. Chr.) hat sie angeblich in Gänsefett gegart am liebsten genossen.

Tipp:
Wenden Sie in Salzwasser bissfest gegarte Fettucine in reichlich flüssiger Butter und geben sie gehobelten weißen Trüffel darüber. Einfach, schnell, teuer – exzellent!

Da sehen wir aber alt aus

Wenn wir uns Trüffel leisten wollen, sehen wir, was die Preise angeht, ganz schön alt aus. Für ein Gericht, das wir mit 20 bis 30 Gramm Trüffel verfeinern möchten, müssen wir, je nach Sorte, mindestens 70 bis 80 Euro auf den Tisch legen. Das liegt daran, dass man die Trüffel nicht in

Plantagen anbauen und zum Massenprodukt hochzüchten kann, sondern sie in bestimmten Gegenden, wie zum Beispiel in Piemont und Périgord, mühsam ausfindig machen muss, da ihre Wurzelgeflechte 80 Zentimeter tief unter dem Erdboden liegen. Das gelang früher mit Trüffelschweinen, eigentlich nur mit den Säuen, die die Trüffel aufspürten, weil deren Duft dem sexuellen Lockstoff der Eber glich. Heute sucht man verstärkt mit eigens dafür abgerichteten Hunden nach den wertvollen Pilzen, weil man von denen nicht befürchten muss, dass sie die erschnupperten Delikatessen selbst fressen, sondern ihre wertvolle Beute der Edelgastronomie überlassen.

Geheimnisvolle Schätze in uns selbst

Die kostbaren Schätze, die auch in uns selbst tief verborgen liegen, wollen nach und nach aufgespürt werden, damit wir sie vollends genießen können.

45 **Vanille** – du meine Teuerste

Die Orchidee unter den Gewürzen

Die Orchidee, von der die Vanilleschoten (botanisch korrekt sind es Kapselfrüchte) gewonnen werden, war ursprünglich in Mexiko heimisch. Sie war dort nur eine Delikatesse für die Reichen; die Spanier verhängten sogar die Todesstrafe über diejenigen, die versuchten, die Vanille aus ihrer Kolonie Mexiko auszuführen.

Im 19. Jahrhundert fand der belgische Botaniker Charles Morren (1807–1858) heraus, dass die Pflanze nur von einer einzigen Bienenart und einer bestimmten Kolibriart bestäubt werden kann. Von daher war es nicht möglich, die Vanille außerhalb von Mexiko anzubauen.

Ein Sklave kam auf die grandiose Idee, die Orchidee mit der Hand zu befruchten. Diese Methode ist mühsam und daher teuer, verhalf der Vanille aber zu Anpflanzungen auf den Komoren, auf Madagaskar und auf La Réunion. Da Letztere früher Bourbon-Insel hieß, trägt die bekannteste Vanillesorte den Namen: *Bourbon-Vanille*. Heute gilt die besonders teure Tahiti-Vanille als Renner beim Kenner.

Vanilleduft liegt in der Luft

Bereits die Inkas und Azteken aromatisierten Kakao und Schokolade mit Vanille. In Europa fand die teure Schote schnell Zugang zu allerlei Süßspeisen: zu Puddings, Cremes, Soßen, Fruchtdesserts und Gebäck, von dem uns die Vanillekipferl zu Weihnachten wohl am bekanntesten sind. Seit dem 19. Jahrhundert wird die Vanille auch in Eiscreme genossen. Der größte Abnehmer von Vanille ist nach wie vor Coca Cola. In der modernen Küche wird Vanille auch zur Zubereitung von Gemüse- und Fleisch-, von Hummer- und Lachsgerichten verwendet.

46 **Wasser** – Quelle des Lebens

Wasser – Grundelement des Lebens

Die elementare Bedeutung von Wasser wird sowohl in den Schöpfungstexten der hebräischen Bibel als auch in zahlreichen Mythen anderer Kulturen und Religionen deutlich. Wasser ist der Grundstoff allen Lebens.

„Ihr werdet mit Freuden Wasser schöpfen aus den Quellen des Heils. Auf den kahlen Hügeln lasse ich Ströme hervorbrechen und Quellen mitten in den Tälern; die Wüste mache ich zum Teich und zu Quellen dürres Land.“
Der Prophet Jesaja

„… bitte noch ein Glas Wasser!“

Zum Durstlöschen oder ergänzend zur Tasse Kaffee oder zum Wein bestellen wir uns noch ein Glas Mineralwasser – mit oder ohne Kohlensäure. Niemand von uns muss Durst leiden. Jeder kann am Tag die circa anderthalb bis zwei Liter Wasser trinken, die empfohlen werden, um den Körper leistungsfähig zu erhalten, und sei es, dass man sich in der Küche am Wasserhahn bedient. Können wir uns vorstellen, was es für Frauen zum Beispiel in Afrika bedeutet, jeden Tag mindestens einmal stundenlang zu einem entfernten Brunnen zu laufen und dort Wasser zu schöpfen, um es dann bei sengender Hitze in Krügen oder Eimern auf dem Kopf zurück in ihr Heimatdorf zu tragen, wo es zum Trinken und Kochen, zum Wäschewaschen und zur Körperreinigung reichen muss? Können wir uns vorstellen, vor Durst aus einem verseuchten Gewässer zu trinken? Können wir uns vorstellen, dass jeden Tag 30 000 Menschen an den Folgen von verschmutztem Wasser sterben?

Ein moderner Mensch

Ein moderner Mensch verirrte sich in einer Wüste. Tage- und nächtelang irrte er umher. Wie lange dauert es, bis man verhungert oder verdurstet? Das überlegte er sich beständig. Er wusste, dass man länger ohne Nahrung leben kann, als ohne etwas zu trinken. Die unbarmherzige Sonnenglut hatte ihn ausgedörrt. Er fieberte. Wenn er erschöpft ein paar Stunden schlief, träumte er von Wasser, von Orangen und Datteln. Dann erwachte er zu schlimmerer Qual und taumelte weiter. Da sah er in einiger Entfernung eine Oase.

„Aha, eine Fata Morgana", dachte er. „Eine Luftspiegelung, die mich narrt und zur Verzweiflung treiben will, denn in Wirklichkeit ist gar nichts da." Er näherte sich der Oase, aber sie verschwand nicht. Sie wurde im Gegenteil immer deutlicher. Er sah die Dattelpalmen, das Gras und die Felsen, zwischen denen eine Quelle entsprang. „Es kann natürlich auch eine Hungerfantasie sein, die mir mein halb wahnsinniges Hirn vorgaukelt“, dachte er. „Solche Fantasien hat man ja in meinem Zustand. Natürlich – jetzt höre ich sogar das Wasser sprudeln. Eine Gehörhalluzination. Wie grausam die Natur ist!“ – Mit diesem Gedanken brach er zusammen. Er starb mit einem lautlosen Fluch auf die unerbittliche Bösartigkeit des Lebens.

Eine Stunde später fanden ihn zwei Beduinen. „Kannst du so etwas verstehen?“, sagte der eine zum anderen. „Die Datteln wachsen ihm ja beinahe in den Mund – er hätte nur die Hand auszustrecken brauchen. Und dicht neben der Quelle liegt er, mitten in der schönsten Oase – verhungert und verdurstet. Wie ist das nur möglich?“ – „Er war ein moderner Mensch“, antwortete der andere Beduine. „Er hat nicht daran geglaubt.“
Kadidja Wedekind

Um Oasen wissen

Was für eine Wohltat ist es,
in den dürren Zeiten des Lebens
um eine Oase zu wissen,
einen Ort, an dem man immer wieder
eine Beziehung gewinnt
zu den tiefen Quellen des Seins.

Was für eine Wohltat ist es,
sich mit Zeiten der Stille
selbst zu beglücken
und sich etwas Gutes zu gönnen,
das Leib und Seele erfrischt
und das Herz freudig stimmt.

47 **Wein** und Freunde, ein Paradies

Die Hochzeit zu Kana

Am dritten Tag fand in Kana in Galiläa eine Hochzeit statt, und die Mutter Jesu war dabei. Auch Jesus und seine Jünger waren zur Hochzeit eingeladen. Als der Wein ausging, sagte die Mutter Jesu zu ihm: Sie haben keinen Wein mehr. Jesus erwiderte ihr: Was willst du von mir, Frau? Meine Stunde ist noch nicht gekommen. Da sagte seine Mutter zu den Dienern: Was er euch sagt, das tut! Es standen dort sechs steinerne Wasserkrüge für die bei den Juden übliche Reinigung, sie fassten ungefähr hundert Liter. Jesus sagte zu den Dienern: Füllt die Krüge mit Wasser! Und sie füllten sie bis zum Rand. Er sagte zu ihnen: Schöpft jetzt und bringt es dem Tafelmeister. Sie brachten es ihm. Als aber der Tafelmeister von dem zu Wein gewordenen

Wasser gekostet hatte, ohne seine Herkunft zu wissen – die Diener aber, die das Wasser geschöpft hatten, wussten es – rief er den Bräutigam herbei und sagte zu ihm: Jeder setzt zuerst den guten Wein vor, und wenn sie trunken sind, den geringeren. Du hast den guten Wein bis jetzt zurückgehalten. Damit begann Jesus seine Zeichen in Kana in Galiläa und offenbarte seine Herrlichkeit und seine Jünger glaubten an ihn.
Aus dem Johannesevangelium

Chinesische Parabel

Irgendwo sollte eine Hochzeit gefeiert werden. Die Brautleute hatten nicht viel Geld, aber dennoch waren sie der Meinung, dass viele Menschen mitfeiern sollten. Geteilte Freude ist doppelte Freude, dachten sie. Also baten sie die Eingeladenen, je eine Flasche Wein mitzubringen. Am Eingang würde ein großes Fass stehen, in das sie ihren Wein gießen konnten. Als nun das Fest eröffnet wurde, liefen die Kellner zu dem großen Fass und schöpften mit großen Löffeln daraus.

Doch wie groß war das Erschrecken aller, als sie merkten, dass es Wasser war. Versteinert saßen oder standen sie da, als ihnen allen bewusst wurde, dass eben jeder so gedacht hatte: Die eine Flasche Wasser, die ich hineingieße, wird niemand merken oder schmecken. Nun aber wussten sie, dass jeder so gedacht hatte. Und als um Mitternacht das Flötenspiel verstummte, gingen alle schweigend nach Hause und jeder wusste: Das Fest hatte nicht stattgefunden.

Wann das Leben zum Fest wird

Das Leben wird nur dann zum Fest,
wenn jeder Mensch
mit seinen Kräften und Möglichkeiten
etwas zur Freude aller
beiträgt.

Wozu Irrtümer führen können

Über den großen Dichter Johann Wolfgang von Goethe erzählt eine Anekdote, dass er sich eines Morgens zwei Flaschen Rotwein kommen ließ und diese nach und nach leerte – aus Gram darüber, dass ihm niemand zum Geburtstag gratuliert hatte. Als ihn sein Diener schließlich darüber aufklärte, dass sein Geburtstag erst am kommenden Tag sei, soll Goethe ausgerufen haben: „Donnerwetter, da hab ich mich umsonst besoffen.“

„Wer nicht liebt Wein, Weiber und Gesang,
der bleibt ein Narr sein Leben lang.“
Martin Luther zugeschrieben

„Rotwein ist für alte Knaben
eine von den besten Gaben.“
Wilhelm Busch

48 **Weintrauben**, grün, rot und blau

Im Weinberg

Von Franz von Assisi wird erzählt, dass er einen Mitbruder hatte, den es nach Trauben gelüstete, der aber nicht wagte, darum zu bitten. Da machte sich der Heilige Franz zusammen mit dem Bruder zu einem Weinberg auf, ließ sich zusammen mit ihm neben einem Weinstock nieder und aß mit ihm zusammen von den Trauben, damit dieser sich nicht schämen müsse, alleine zu essen.

Den Herbst genießen

Vielleicht mag uns diese Heiligenlegende dazu bewegen, in den frühen Herbsttagen auch einmal wieder einen Spaziergang durch die Weinberge zu machen, die Sonne zu genießen und den Winzern bei der Lese zuzuschauen.

Hier und da mögen wir einmal verstohlen einige der süßen Früchte naschen, aber nicht zu viele. Offensichtlich bargen die saftigen Trauben schon zu biblischen Zeiten eine besondere Versuchung in sich, denn im fünften Buch Mose lautet eine Gesetzesvorschrift: „Wenn du in den Weinberg deines Nächsten kommst, so darfst du Trauben essen, so viel du willst, bis du satt bist, aber in dein Gefäß darfst du nichts hineintun." Aber für einen größeren Konsum dieser herrlichen Früchte stehen uns zur entsprechenden Jahreszeit ja auch die Märkte mit den dicken, prallen Trauben offen. Und da sie bei hohem Wassergehalt viele gesunde Inhaltsstoffe haben, sollten wir sie sowohl für Fruchtsalate als auch für herzhafte Speisen reichlich verwenden. Möge es uns, wenn wir Besuch haben, dabei nicht so ergehen wie einer Gastgeberin des Gastrosophen Jean Brillat-Savarin (1755–1826), die auf ihre Aufforderung, noch eine Traube zu nehmen, die Antwort erhielt: „Nein danke, ich nehme meinen Wein nie in Pillenform zu mir."

49 **Zabaione** – die reinste Schaumschlägerei

Viel heiße Luft …

Man gebe mehrere Eigelbe sowie Zucker, Weißwein und Marsala in eine Schüssel und verquirle sie gut miteinander. Über einem dampfenden Wasserbad schlage, schlage und schlage man die Masse so lange schaumig, bis der Arm lahm wird. Man schlage dann mit dem anderen Arm weiter, bis die Creme luftig-fluffig ist und nehme sie vom Herd. Wer nun glaubt, er dürfe seine Gliedmaßen ausruhen, irrt, denn nun muss die Zabaione so lange weitergeschlagen werden, bis sie abgekühlt ist. Wer jetzt noch in der Lage ist, einen Löffel zum Munde zu heben, dem stockt der Atem bei diesem kulinarischen Glückserlebnis.

Vom Spitzenkoch der Renaissance

Zur Entstehung der italienische Zabaione kursieren zahlreiche Legenden.

Einer davon nach soll der Starkoch der Renaissance Bartolomeo Scappi (1500–1570) besagte Weinschaumcreme erfunden haben. Durch den Seehandel kamen neue Zutaten nach Italien und er drang, zusammen mit einem anderen Spitzenkoch namens Platina (eigentlich Bartolomeo Sacchi) bei seinen Kochkollegen darauf, sich von der schweren, fetten mittelalterlichen Küche zu verabschieden und leichtere, besser bekömmliche Gerichte herzustellen. 1570 veröffentlichte er in Venedig seine 900-seitige Rezeptsammlung *Opera*, die all jene Spezialitäten enthielt, mit denen Päpste, Kaiser und Könige aufs Beste bewirtet wurden. So verhalf Scappi sowohl Platina als auch der italienischen Küche zu Weltruhm.

Kalorienreiche Heiligenverehrung

Eine andere Geschichte erzählt von dem franziskanischen Laienbruder Pasquale Baylon (1540–1594). Er soll frustrierten Ehefrauen zur Stärkung der Manneskraft ihrer Gatten das entsprechende Rezept aus Eiern, Zucker und Wein empfohlen und vielleicht sogar in der Klosterküche zusammengerührt haben, wofür unter den Mönchen allerdings kein Bedarf bestanden haben dürfte.

Im Jahr 1690 wurde er heiliggesprochen, aber wohl weniger wegen besagten Rezeptes als aufgrund seiner mystischen Visionen. Aus seinem Namen *Pasquale Baylon* wurde im Volksmund *Sanbajun*; diese Bezeichnung schliff sich sprachlich ab zum italienischen *Zabaione*, womit die Herkunft ihres Namens vielleicht erklärt sein könnte.

Von daher bedeutet der ausgiebige Genuss der Zabaione keine Völlerei, sondern eine außergewöhnliche Heiligenverehrung.

50 Wenn **Zimt** auf der Zunge zergeht

Überraschendes wagen

Was fällt Ihnen ein, wenn Sie Zimt hören? Vermutlich Zimtsterne und Lebkuchen, denn in unseren Breitengraden wird Zimt vornehmlich in der Advents- und Weihnachtszeit verwendet. Probieren Sie doch auch zu anderen Jahreszeiten einmal nach orientalischen Rezepten zum Beispiel ein Gemüse-, Lamm- oder Hackfleischgericht mit einer Prise Zimt zu würzen. Sie werden überrascht sein!

Vielleicht verbirgt sich hinter solchen Experimenten in der Küche eine grundsätzliche Lebensweisheit: Einfach mehr Ungewohntes ausprobieren, mehr riskieren. Dem Leben, das einem gelegentlich öde und fade vorkommt, immer wieder einmal eine Prise neuer Würze geben, es mit Überraschendem anreichern, damit man erneut einen feinen Geschmack daran findet.

Vom Geschmack des Lebens

Ich will mehr ausprobieren
und mutig was riskieren,
kann dabei nichts verlieren,
gewinn doch gleichwohl viel.

Will mich zum Himmel strecken,
das Leben neu entdecken
und seine Würze schmecken,
das ist ab heut mein Ziel.

Christa Spilling-Nöker

Einfach gerne leben
365 gute Tage
240 Seiten | zweifarbig gestaltet | mit Leseband
ISBN 978-3-451-32173-3

Der immerwährende Kalender
Für alle persönlichen Festtage
240 Seiten | vierfarbig gestaltet | mit Leseband
ISBN 978-3-451-29228-6

Wie schön bist du
Mit Bildern der Liebe von Marc Chagall
48 Seiten | vierfarbig gestaltet
ISBN 978-3-451-30257-2

Behutsam will ich dich begleiten
Auf dem Weg des Abschieds
88 Seiten | vierfarbig gestaltet
ISBN 978-3-451-32193-1

Atempausen für die Seele

Anselm Grün
Das kleine Buch vom wahren Glück
Herder Spektrum 7007

Phil Bosmans
Mensch, ich hab dich gern
Herder Spektrum 7095

Tania Konnerth
Sonnenschein an jedem Tag
Herder Spektrum 7028

Pierre Stutz
Heilende Momente für die Seele
Herder Spektrum 7052

Anthony de Mello
Zeiten des Glücks
Herder Spektrum 7032

Dalai Lama
So einfach ist das Glück
Herder Spektrum 7031

www.herder.de

Umschlaggestaltung und -konzeption:
R·M·E München / Roland Eschlbeck, Liana Tuchel

Vignetten von Weiß-Freiburg GmbH / Felix Wallbaum

Herstellung: fgb · freiburger graphische betriebe
www.fgb.de

Gedruckt auf umweltfreundlichem,
chlorfrei gebleichtem Papier
Printed in Germany

ISBN 978-3-451-07109-6